2024年度版

金融業務能力検定

融資コース

試験問題集

一般社団法人 金融財政事情研究会

◇ はじめに ◇

　本書は、金融業務能力検定「金融業務2級　融資コース」（17年度までは「融資上級」として実施）の受験生の学習の利便を図るためにまとめた試験問題集です。

　本書は4章で構成され、各問題は、基礎知識から実務応用力まで幅広く修得することができるように配慮しました。

　金融機関の中堅の職員は、プレイング・マネージャーとして業務に取り組むほか、部下職員を監督・指導することも大切な任務とされています。したがって、日常業務においても、難度の高い判断業務に対応できうる能力の養成を期待されていると同時に、管理者としての指導力をも求められる立場にあるわけです。特に融資業務は、他の業務と比べると、判断業務のウエイトが高く、手続も複雑であるため、法律知識を中心とした専門的な知識を修得することが不可欠といえましょう。

　金融業務能力検定「金融業務2級　融資コース」は、断片的な知識を問う出題を極力避け、日常業務遂行にあたって必要なテーマについて、応用力や判断力を求める問題を豊富に出題しています。一部では難易度の高い問題もありますが、ぜひともチャレンジして体系的な業務知識と実践的な応用能力を身に付けてほしいものです。

　本書を有効に活用してぜひとも「金融業務2級　融資コース」試験に合格されることを期待しています。

2024年3月

一般社団法人　金融財政事情研究会
検定センター

◇◇目　次◇◇

第2章　担保・保証

第3章　管理・回収

第4章　総合問題

―― 〈法令基準日について〉 ―――――――――――――――――

　本書は、問題文に特に断りのない限り、2024年4月1日（基準日）現在施行の法令等に基づいて編集しています。

◇ **CBT とは** ◇

　CBT（Computer-Based Testing）とは、コンピュータを使用して実施する試験の総称で、パソコンに表示された試験問題にマウスやキーボードを使って解答します。金融業務能力検定は、一般社団法人金融財政事情研究会が、株式会社シー・ビー・ティ・ソリューションズの試験システムを利用して実施する試験です。CBT は、受験日時・テストセンター（受験会場）を受験者自らが指定できるとともに、試験終了後、その場で試験結果（合否）を知ることができるなどの特長があります。

　本書に訂正等がある場合には、下記ウェブサイトに掲載いたします。
　https://www.kinzai.jp/seigo/

―〈凡　例〉―

・金融分野ガイドライン…金融分野における個人情報保護に関するガイドライン
・区分所有法…建物の区分所有等に関する法律
・後見登記法…後見登記等に関する法律
・個人情報保護法…個人情報の保護に関する法律
・サービサー法…債権管理回収業に関する特別措置法
・社債等振替法…社債、株式等の振替に関する法律
・通則ガイドライン…個人情報の保護に関する法律についてのガイドライン（通則編）
・動産・債権譲渡特例法…動産及び債権の譲渡の対抗要件に関する民法の特例等に関する法律
・特定融資枠契約法…特定融資枠契約に関する法律
・番号法…行政手続における特定の個人を識別するための番号の利用等に関する法律
・判例の表示

（最判昭45.4.10民集24巻 4 号240頁）
　　A　　　B　　　　C

A…裁判所と裁判の種類を示す。
　最…最高裁判所
　高…高等裁判所
　大…大審院
　判…判決
B…裁判(言渡)年月日を示す。
C…登載誌およびその登載箇所を示す。
　民録…大審院民事判決録
　民集…最高裁判所(大審院)民事判例集
　集民…最高裁判所裁判集民事
　金法…金融法務事情

「金融業務2級　融資コース」試験概要

日常の融資実務全般にわたる実践的な知識の習得度・判断力を検証します。

■受験日・受験予約	通年実施。受験者ご自身が予約した日時・テストセンター（https://cbt-s.com/examinee/testcenter/）で受験していただきます。 受験予約は受験希望日の3日前まで可能ですが、テストセンターにより予約可能な状況は異なります。
■試験の対象者	金融業務3級融資コース合格者、中堅行職員または管理者層　※受験資格は特にありません
■試験の範囲	1．融資取引　2．担保・保証 3．管理・回収　4．総合問題
■試験時間	120分　試験開始前に操作方法等の案内があります。
■出題形式	四答択一式30問、総合問題10題
■合格基準	100点満点で70点以上
■受験手数料（税込）	7,700円
■法令基準日	問題文に特に指示のない限り、2024年4月1日現在施行の法令等に基づくものとします。
■合格発表	試験終了後、その場で合否に係るスコアレポートが手交されます。合格者は、試験日の翌日以降、合格証をマイページからPDF形式で出力できます。
■持込み品	携帯電話、筆記用具、計算機、参考書および六法等を含め、自席（パソコンブース）への私物の持込みは認められていません。テストセンターに設置されている鍵付きのロッカー等に保管していただきます。メモ用紙・筆記用具はテストセンターで貸し出されます。計算問題については、試験画面上に表示される電卓を利用することができます。
■受験教材等	・本書 ・通信教育講座「融資実践事例コース」

■受験申込の変更・	受験申込の変更・キャンセルは、受験日の3日前まで
キャンセル	マイページより行うことができます。受験日の2日前
	からは、受験申込の変更・キャンセルはいっさいでき
	ません。
■受験可能期間	受験可能期間は、受験申込日の3日後から当初受験申
	込日の1年後までとなります。受験可能期間中に受験
	(またはキャンセル) しないと、欠席となります。

※金融業務能力検定・サステナビリティ検定の最新情報は、一般社団法人金融財政事情研究
会のWebサイト（https://www.kinzai.or.jp/kentei/news-kentei）でご確認ください。

第1章

融資取引

1−1　代理人の行為能力

《問》民法の規定および判例における代理に関する次の記述のうち、最も適切なものはどれか。
1）売買契約を締結する権限のみを与えられた代理人は、相手方からその売買契約を取り消す旨の意思表示を受領することはできない。
2）委任による代理人は、本人の許諾を得なければ、復代理人を選任することができない。
3）復代理人が委任事務を処理するにあたり金銭を受領し、これを代理人に引き渡したときは、特段の事情がない限り、代理人に対する受領物引渡義務は消滅するが、本人に対する受領物引渡義務は消滅しない。
4）表見代理が成立する場合、代理人が代理権の範囲を越えて行った場合であっても、その代理行為の効果は本人に帰属する。

・解説と解答・

1）不適切である。判例では、契約の相手方から取消しの意思表示を受領することは、特段の事情がない限り代理権の範囲内とされている（最判昭34.2.13民集13巻2号105頁）。
2）不適切である。委任による代理人（任意代理）の場合、本人から許諾を得たとき、またはやむを得ない事情があるときには復代理人（代理人の代理人）を選任することができる（民法104条）。なお、法定代理人の場合は、自己の責任で復代理人を選任することができ、やむをえない事由があるときは、本人に対してその選任および監督についての責任のみを負う（同法105条）。
3）不適切である。復代理人は、代理人だけでなく本人に対しても引渡義務を負うこととなる（民法106条2項）。しかし、判例では、特段の事情がない限り代理人に受領物（ここでは金銭）を引き渡した場合は、本人に対する引渡義務は消滅するとされている（最判昭51.4.9民集30巻3号208頁）。
4）適切である。代理人が代理権の範囲を越えて行った代理行為を無権代理という。無権代理は、原則として、本人が追認をしなければ無効であり、本人に効果が帰属しないが（民法113条1項）、第三者が代理人の権限があると信ずべき正当な理由がある（表見代理が成立する）場合であれば、本人が追認をしなくとも、本人に効果が帰属する（同法110条）。

<u>正解　4）</u>

1－2　成年後見制度（1）

《問》成年後見制度に関する次の記述のうち、最も不適切なものはどれか。
1）制限行為能力者が詐術を用いて自分が行為能力者であることを信じさせ、金融機関との取引を行った場合、当該行為能力者の成年後見人・保佐人・補助人は当該取引行為を取り消すことができる。
2）被補助人が、補助人の同意を得なければならないとされている場合において、単独でした借入契約は有効であるが、補助人がその契約を取り消すと、その契約の当初まで遡って無効とされる。
3）未成年者以外の制限行為能力者について、後見・保佐・補助開始の審判が確定したときは、後見登記法に基づき、後見登記等ファイルに所定の事項が記録される。
4）被保佐人が単独でした借入契約は、保佐人の追認をもって確定的に有効となる。

・解説と解答・

1）不適切である。制限行為能力者が相手方に詐術を用いて自分が行為能力者であることを信じさせた場合、その行為を取り消すことはできない（民法21条）。
2）適切である。被補助人が借入れについて補助人の同意を必要とする場合において、被補助人が単独でした借入契約は、一応は有効であるが、補助人または被補助人によって取り消されると、当初に遡って無効になる（民法17条1項・4項、120条1項、121条）。なお、補助人または被補助人が当該借入契約を追認した場合、以後、当該借入契約を取り消すことはできない（同法122条）。
3）適切である。未成年者以外の制限行為能力者は、後見・保佐・補助開始の審判が確定すると、後見登記法によって所定の事項が登記されるので、後見登記等の登記事項証明書の提出を受けて確認することになる（後見登記法4条、10条）。なお、登記事項証明書は、制限行為能力者として登記されていない場合は、その旨を証明するものとなる。
4）適切である。保佐人が、被保佐人単独で行った行為能力の制限によって取り消すことができる行為を追認したときは、以後、当該行為を取り消すことはできない（民法122条）。

正解　1）

1－3　成年後見制度（2）

《問》成年後見制度に関する次の記述のうち、最も不適切なものはどれか。
1）後見については、複数の成年後見人および法人の成年後見人が認められているが、保佐および補助については、複数の保佐人、補助人や法人の保佐人、補助人は認められていない。
2）成年後見人は、成年被後見人が自ら行った法律行為について、日用品の購入その他日常生活に関する行為を除き、取り消すことができる。
3）成年後見人が、成年被後見人に代わって、成年被後見人の居住用不動産の売却や賃貸等をする場合、家庭裁判所の許可を得なければならない。
4）成年後見人は、家庭裁判所に報酬付与の審判を申し立てて認められれば、成年被後見人の財産のなかから審判で決められた報酬を受け取ることができる。

・解説と解答・

1）不適切である。後見と同様に、保佐および補助についても、複数の保佐人、補助人や法人の保佐人、補助人も認められている（民法843条3項・4項、876条の2第2項、876条の7第2項）。
2）適切である。成年後見人は、財産に関するすべての法律行為について本人を代理し、本人が自ら行った法律行為を取り消すことができるが、自己決定の尊重の観点から、日用品の購入その他日常生活に関する行為については取消権の対象から除外されている（民法9条）。また、身分行為（婚姻、協議離婚、認知、遺言など）についても、成年被後見人が意思能力を回復した状態であれば、成年被後見人が単独で行うことができるとされ、成年後見人が取り消すことはできない（同法738条、764条、780条、962条）。
3）適切である。成年後見人が成年被後見人の居住用不動産を処分（売却、賃貸、抵当権の設定など）する必要がある場合には、必ず事前に家庭裁判所に「居住用不動産の処分許可」の申立てをして、その許可を得る必要がある（東京家庭裁判所「成年後見人 保佐人 補助人 Q＆A」、民法859条の3）。
4）適切である。なお、保佐人、補助人も同様である（民法862条、876条の5第2項、876条の10第1項）。　　　　　　　　　　　　正解　1）

1－4 未成年者との融資取引

《問》金融機関が未成年者と融資契約を締結する場合に関する次の記述の
うち、最も不適切なものはどれか。
1) 未成年者と親権者との利益相反行為については、親権者は同意権の
みを有し、代理権は有しないため、家庭裁判所に特別代理人の選任
を請求し、その特別代理人が代理して行う。
2) 婚姻歴のない未成年者の父母が離婚し、その一方のみが親権者と定
められている場合、金融機関は、その法定代理人たる親権者の同意
があれば、当該未成年者と契約をすることができる。
3) 金融機関が誤って法定代理人の同意なく未成年者と契約を締結し、
法定代理人がその契約を取り消した場合において、未成年者のもと
に当該融資に係る現存利益がある場合、未成年者は現に利益を受け
ている限度においてその返還義務を負う。
4) 未成年者は、法定代理人から目的を定めて処分を許された財産につ
いては、その目的の範囲内で、自由に処分することができる。

・解説と解答・

1) 不適切である。利益相反関係にある親権者は同意権・代理権のいずれも行
使することができないため、家庭裁判所に特別代理人の選任を請求し、そ
の特別代理人が未成年者を代理して取引することとなる（民法826条）。な
お、親権は原則として父母が共同して行うため、父母の一方のみが利益相
反関係にある場合には、利益相反関係にない親権者と特別代理人が共同し
て代理行為を行う（最判昭35.2.25民集14巻2号279頁）。
2) 適切である。父母が離婚した場合には、その一方のみが親権者と定められ
る（民法819条1項・2項）。したがって、法定代理人たる親権者の同意が
あれば足りる。
3) 適切である。未成年者のもとに現存利益がある場合には、それを限度とし
て未成年者は返還義務を負う（民法121条の2第3項）。
4) 適切である。法定代理人が目的を定めて処分を許した財産は、その目的の
範囲内において未成年者が自由に処分することができ、目的を定めないで
処分を許した財産を処分するときも同様とされている（民法5条3項）。

正解 1)

1−5 銀行取引約定書と期限の利益の喪失

《問》銀行取引約定書（信用金庫取引約定書等を含む）における期限の利益に関する次の記述のうち、最も不適切なものはどれか。
1) 銀行取引約定書の期限の利益喪失条項は、債務者の利益を害しないよう、当然喪失事由と請求喪失事由を設け、民法の期限の利益の喪失事由の範囲内としている。
2) 債務者の提供する担保の目的物に差押えがあったときは、銀行取引約定書上は、金融機関からの請求により期限の利益を喪失する。
3) 期限の利益は、債務者の利益のために民法に定められているものであり、債務者はこれを放棄できる。
4) 手形割引の買戻しや当座貸越の即時支払については、銀行取引約定書の期限の利益喪失条項が適用されない。

・解説と解答・

1) 不適切である。民法では、期限の利益の喪失事由として「債務者が破産手続開始の決定を受けたとき」「債務者が担保を減失させ、損傷させ、又は減少させたとき」「債務者が担保を供する義務を負う場合において、これを供しないとき」を挙げているが（民法137条）、銀行取引約定書では、債権回収に支障が生じないよう、「債務者の支払停止または破産など法的整理手続開始の申立てがあったとき」「債務者が電子交換所または電子債権記録機関の取引停止処分を受けたとき」「債務者または保証人の預金その他の銀行に対する債権に対する差押え・仮差押えの命令・通知が発送されたとき」「債務者の意図的な行方不明」を当然喪失事由とし、その他の信用状態の悪化については、請求喪失事由を設け、民法の期限の利益の喪失事由を拡大している。
2) 適切である。担保の目的物に対する差押えは、銀行取引約定書の期限の利益喪失条項における請求喪失事由である。
3) 適切である。期限の利益および期限の利益の放棄は、民法に定められている（民法136条1項・2項）。
4) 適切である。銀行取引約定書では、期限の利益喪失条項とは別に、手形割引の買戻しについては「手形割引の買戻し」条項が、当座貸越取引については「即時支払」条項が、それぞれ定められている。　　　正解　　1)

1−6　銀行取引約定書の法的性質（1）

《問》銀行取引約定書（信用金庫取引約定書等を含む）に関する次の記述のうち、最も不適切なものはどれか。

1) 銀行取引約定書の作成にあたっては、1通当たり4,000円の収入印紙を貼付する必要がある。
2) 銀行取引約定書は、与信取引に共通する契約条項である期限の利益喪失に関する条項や担保・相殺に関する条項などを定めている。
3) 銀行取引約定書を締結することで金銭消費貸借などの個別契約が成立する。
4) 銀行取引約定書は、銀行が約定内容をあらかじめ定型的に定め、取引先はその約定をそのまま承認して取引を行うことが通常であることから、いわゆる普通取引約款に当たるとされている。

・解説と解答・

1) 適切である（印紙税法別表第1第7号）。
2) 適切である（銀行取引約定書ひな型5条）。
3) 不適切である。銀行取引約定書は、あくまでも基本約定書であり、取引先との間に具体的な権利義務関係を成立させるには、金銭消費貸借契約等の個別契約を締結する必要がある。
4) 適切である。通常、取引先には銀行が提示した銀行取引約定書による取引に応じるか、取引を行わないかの選択しかないので、いわゆる普通取引約款に当たるとされている。

正解　3)

1－7　銀行取引約定書の法的性質（2）

《問》銀行取引約定書（信用金庫取引約定書等を含む）に関する次の記述のうち、最も適切なものはどれか。
1) 銀行取引約定書は、当事者間で作成する公正証書であり、私署証書には該当しない。
2) 銀行取引約定書には、差入方式と契約書（相互調印）方式があるが、方式により権利義務の内容が異なる。
3) 銀行取引約定書は、取引先との間で約定内容について個別に交渉する余地があり、実際に修正されることもあるため、民法上の定型約款には該当しない。
4) 銀行取引約定書は、金融機関が強制執行を申し立てる際の債務名義となる。

・解説と解答・

1) 不適切である。公正証書は公証人に委嘱して作成してもらう証書をいい、銀行取引約定書は当事者間で締結する私署証書である。
2) 不適切である。形式上の違いだけで、権利義務の内容は同一である。
3) 適切である。銀行取引約定書は、民法の定める「定型約款」ではないと理解されている。民法改正を議論した衆議院法務委員会での小川民事局長の国会答弁においても、「銀行取引約定書、これは個別に交渉して修正されることもあり、その意味では、画一的であることが合理的であるとは言いがたいので、定型約款には当たらないというふうに考えております。」と説明されている。
4) 不適切である。債務名義とはならない（民事執行法22条）。債務名義となるものには、確定判決、執行証書、仮執行宣言付支払督促等がある。

正解　3)

1－8　証書貸付

《問》証書貸付に関する次の記述のうち、最も不適切なものはどれか。
1) 分割貸付とは、確定した一定額を数回に分割して貸し出す取引をいい、別段の定めがなければ、金融機関は分割貸付の貸付未済額について貸す義務を負う。
2) 限度貸付とは、あらかじめ貸付累計額の限度を約定しておいて、その限度の範囲内でその累計額に達するまで貸出を分割して行い、個々の貸付における貸出の時期や金額はその都度決める取引をいう。
3) 極度貸付とは、あらかじめ貸付残高の最高限度（極度額）を定めて、その範囲内で貸出と回収を繰り返していく取引をいう。
4) 証書貸付の契約にあたり、銀行取引約定書（信用金庫取引約定書等を含む）が契約書（相互調印）方式である場合、金銭消費貸借契約証書は差入方式とすることはできず、契約書（相互調印）方式である必要がある。

・解説と解答・

1) 適切である。ただし、特約で、取引先が銀行取引約定書の期限の利益喪失条項に定める事由に該当したときは、貸付未済額の交付はしないことを定めることがある。
2) 適切である。限度貸付とは広い意味では分割貸付も含んでおり、金融機関が取引先との契約（諾成的金銭消費貸借または金銭消費貸借の予約）に基づき、取引先からの請求に応じて一定額までの貸付を行うことをいう。分割貸付では取引開始時点で確定している一定額を数回に分けて実行するのに対し、限度貸付では取引開始時点で貸付額が確定していないのが大きな相違点である。
3) 適切である。極度貸付とは、あらかじめ貸付残高の最高限度（極度額）を定めて、その範囲内で貸出と回収を繰り返していく取引をいい、典型例は当座貸越取引である。
4) 不適切である。証書貸付にあたっては、銀行取引約定書（信用金庫取引約定書等を含む）と金銭消費貸借契約証書を締結する必要があり、契約方法には、契約書（相互調印）方式と差入方式の2通りがあるが、銀行取引約定書（信用金庫取引約定書等を含む）と金銭消費貸借契約証書はそれぞれ異なる方式とすることも可能である。　　　　　　　　**正解　4)**

1－9　金銭消費貸借契約（1）

《問》民法上の金銭消費貸借契約に関する次の記述のうち、最も不適切な
ものはどれか。
1）要物契約としての金銭消費貸借契約は、借主が同額の金銭を返還す
ることを約して貸主から金銭を受け取ることによって効力を生ずる。
2）要物契約としての金銭消費貸借契約は、借主のみが債務を負担する
片務契約である。
3）書面による諾成的金銭消費貸借契約は、貸主が金銭を引き渡すこと
および借主が同額の金銭を返還することを書面によって合意するこ
とで効力を生ずる。
4）書面による諾成的金銭消費貸借契約の貸主は借主に対し貸す義務を
負うが、金銭を交付するまでは契約を解除できる権利がある。

・解説と解答・

1）適切である（民法587条）。
2）適切である。要物契約としての金銭消費貸借契約は、借主だけが金銭を返
還する義務を負い、貸主には借主の金銭返還義務に対する義務のない片務
契約である。
3）適切である（民法587条の2第1項）。
4）不適切である。書面でする消費貸借契約の借主は、貸主から金銭その他の
物を受け取るまで、契約の解除をすることができるとされているが（民法
587条の2第2項）、貸主には解除権はなく、借主が破産手続開始の決定を
受けたとき、その効力を失うとされているにとどまる（同条3項）。した
がって、金融機関は、通常、取引先の信用状態が悪化した場合には貸す義
務（融資義務）を免除されるとの別段の定めをしている。

正解　4）

1-10　金銭消費貸借契約（2）

《問》民法上の金銭消費貸借契約に関する次の記述のうち、最も不適切な
ものはどれか。
1）金銭消費貸借の利息に関する契約が利息制限法に定める上限利率を
　　超えている場合であっても、当該契約はすべて無効となるわけでは
　　ない。
2）金銭消費貸借契約証書は、証拠証券かつ有価証券である。
3）金銭消費貸借契約において返還時期を決めた場合、借主は貸主の同
　　意がなくとも期限前返済をすることができる。
4）金銭消費貸借の予約とは、金銭消費貸借契約を締結することを約束
　　する契約であり、予約完結権者である借主が予約完結の意思表示を
　　することにより、貸主が貸す義務を負う。

・解説と解答・

1）適切である。金銭消費貸借の利息の契約が利息制限法に定める上限利率
（利息制限法1条）を超えている場合であっても、利息のうち上限利率に
よって計算した金額を超える部分が無効となり、利息の契約すべてが無効
となるわけではない。

2）不適切である。金銭消費貸借契約証書は民法上の証拠証券であるが、有価
証券ではない。有価証券とは、権利と証券が結合し、その権利の移転や行
使にあたってはその証券をもってする必要があるものである。

3）適切である。借主は、返還の時期の定めの有無にかかわらず、いつでも返
還することができる（民法591条2項）。当事者が返還の時期を定めた場合
においては、貸主は借主がその時期の前に返還したことによって損害を受
けたときは、借主に対してその賠償を請求することができる（同条3項）。

4）適切である。民法556条1項を引用すれば、予約完結権が成立するので貸
主は貸す義務を負う。「予約完結権」とは、予約により本契約を成立させ
る権利のことをいう。

正解　2）

1-11 手形貸付 (1)

> 《問》手形貸付に関する次の記述のうち、不適切なものはどれか。
> 1) 手形貸付の法的性格は、民法上の金銭消費貸借であり、金融機関が貸付先に金銭を交付することにより成立する。
> 2) 金融機関は、手形貸付により貸付先から受け入れた手形を担保として資金調達することはできない。
> 3) 手形貸付において金融機関が貸付先から手形を受け入れる目的の1つに、原因債権である金銭消費貸借契約上の債務の履行を確保することがある。
> 4) 手形貸付を実行した金融機関は、貸付先に対しその債務の履行について手形債権または貸付債権のいずれによっても請求することができる。

・解説と解答・

1) 適切である。手形貸付とは、貸付先から金融機関に対して融資額と同額の約束手形を振出・交付してもらって融資を行う融資形態である。この手形は、貸付先が署名しているだけで、ほかに手形債務者がいないことから単名手形と呼ばれる。手形貸付の法的性格は、金銭消費貸借（民法587条）であり、金融機関が貸付先に金銭を交付することにより成立する。

2) 不適切である。金融機関は、貸付先から交付を受けた手形の再割引や担保とすることで資金を調達することができる（日本銀行での手形再割引制度の利用等）。

3) 適切である。手形貸付の実行により、金融機関は貸付先に対して、金銭消費貸借契約に基づく貸金返還請求権（原因債権・貸付債権）を取得するのと同時に、貸付先振出の約束手形を徴求するところから、手形所持人としての手形上の権利を取得することになり、不渡処分制度の利用による弁済履行促進の効果がある。

4) 適切である（銀行取引約定書（旧）ひな型2条）。

正解　2)

1-12　手形貸付 (2)

《問》手形貸付に関する次の記述のうち、適切なものはどれか。
1) 手形貸付で用いられる手形は、確定日払手形に限られ、一覧払手形は用いられない。
2) 分割返済の手形貸付の場合、手形券面に返済方法として分割払いの文言を記載することで約定できる。
3) 手形貸付の約定利息の利率は、確定日払手形の手形券面に利息文言を記載することで約定できる。
4) 利息天引の手形貸付の場合、貸付先からは天引前の貸付金額を手形金額とする約束手形の差入れを受ける。

・解説と解答・

1) 不適切である。手形貸付に用いられる単名手形は、期日を満期とする確定日払手形が原則であるが、最近の実務では、手形印紙税の負担を軽減するために一覧払手形も用いられている。
2) 不適切である。分割払いの記載は有害的記載事項とされ、手形自体が無効となる（手形法77条1項2号、33条2項）。
3) 不適切である。確定日払手形における利息文言は無益的記載事項であり、手形に記載しても手形上の効力は認められない（手形法77条2項、5条1項）。
4) 適切である。手形貸付は、貸付先から金融機関に対して貸付金額と同額の約束手形を振出・交付してもらい行う。天引利息は、いったん元本全額を交付したうえで前払利息を徴求するのと実質的には同一であり、元本全額について金銭消費貸借が成立する。

正解　4)

1－13　手形貸付（3）

《問》手形貸付に関する次の記述のうち、不適切なものはどれか。
1）手形貸付では、手形訴訟制度に基づき、手形のみを証拠として債務名義を取得することができる。
2）手形貸付において、手形の期日が到来して新手形に書き替えた場合、新旧手形の間で原因債権である金銭消費貸借契約上の債権の同一性は失われる。
3）手形貸付を実行した金融機関は、原則として、現金または小切手により貸付金を回収するが、受け入れた手形をもって貸付先の当座勘定から直接引き落とすことによっても回収することができる。
4）手形貸付においては、手形債権が時効により消滅しても貸付債権は消滅しないが、貸付債権が時効により消滅した場合は、手形債権は支払を受けられなくなる。

・解説と解答・

1）適切である（民事訴訟法350条以下）。
2）不適切である。原因債権である貸付債権については、差し入れられる手形は貸付債権の履行を確保するための手形とされており、手形の書替は手形貸付の期限の延長であって更改ではないと考えられているため、貸付債権の同一性は維持されるものと考えられる。
3）適切である。手形貸付で金融機関が受け入れる単名手形は、通常手形貸付を実行する金融機関店舗を支払場所として振り出されるため、返済日（振出日）に弁済されなかった場合、貸付先が当座勘定を持っていれば、当該当座勘定から手形金額を引き落とすことができる。
4）適切である。手形債権が時効消滅しても貸付債権は消滅しないが、貸付債権が先に時効消滅すると、手形債権を行使したとしても、原因債権が時効で消滅したという人的抗弁を受け、支払を拒絶されることになる。

正解　2）

1－14　手形割引（1）

《問》手形割引に関する次の記述のうち、最も適切なものはどれか。
1）金融機関は、割引依頼人との合意があれば、法律上の規制を受けることなく、手形割引の割引料を自由に定めることができる。
2）手形の裏書欄の「拒絶証書不要」と印刷された記載が抹消されている場合、金融機関は、割引依頼人やその他の中間裏書人に対して、手形金を請求できない。
3）割引依頼人に対する買戻請求権が発生した場合には、割引金融機関がその後に手形所持人としての権利を行使することは認められない。
4）割引する手形の振出日および受取人欄が白地の場合、その部分を補充しなければ、金融機関が割引依頼人に対する手形上の遡求権を行使することはできない。

・解説と解答・

1）不適切である。手形の割引率（割引料）は実質的に金利に準ずるものとして（臨時金利調整法1条2項）、制限利率の範囲内で定める必要があり、割引実行日から手形期日までの日数について日割計算をして求める。
2）不適切である。遡求権の行使にあたって拒絶証書の作成が必要となる（手形法77条1項4号、44条）が、拒絶証書を作成すれば遡求権の行使は可能である。
3）不適切である。手形所持人として手形上の権利を行使することも認められる。
4）適切である（手形法2条、38条、43条）。

<u>正解　　4）</u>

1−15　手形割引（2）

《問》手形割引に関する次の記述のうち、最も不適切なものはどれか。
1）手形割引において、取引先に期限の利益の当然喪失事由が生じた場合は、一定の要件を満たす割引手形に限り、金融機関の請求によって買戻請求権が発生する。
2）手形割引における買戻請求権は、金融機関と割引依頼人との間の特約に基づく手形外の権利である。
3）融通手形を割引した場合、振出人が融通手形の抗弁をもって割引金融機関からの手形金請求を拒絶することは、原則として認められない。
4）手形割引の法的性質は、手形の売買である。

・解説と解答・

1）不適切である。銀行取引約定書等では、取引先に期限の利益の当然喪失事由が生じた場合は、全部の手形について買戻請求権が生ずると定めている（銀行取引約定書（旧）ひな型6条1項）。
2）適切である。銀行取引約定書等で定められた手形外の権利である。
3）適切である。融通手形の抗弁は、融通の相手方には主張できるが、融通手形を取得した第三者に対しては、当該第三者が融通手形であるかを知っていたかどうかに関わらず判例・通説とも認めていない（最判昭34.7.14民集13巻7号978頁）。ただし、例外的に悪意の抗弁が認められることもありうるため、金融機関は融通手形の割引に応じるべきではない。
4）適切である（最判昭48.4.12金法686号30頁）。なお、商業手形担保貸付の法的性質は、商業手形を譲渡担保とする金銭消費貸借契約である（銀行取引約定書（旧）ひな型2条）。

正解　　1）

1－16　電子交換所

《問》電子交換所規則および電子交換所施行細則に関する以下の記述のうち、最も不適切なものはどれか。

1）手形の支払拒絶があった場合、原則として、不渡付箋は電子交換所により貼付される。
2）交換対象手形のイメージデータ（以下、「証券イメージ」という）は、原則として交換日の前営業日までに登録する必要がある。
3）登録された手形の証券イメージが不鮮明であった場合、持帰銀行は、当該手形の持出銀行に対して、手形要件等が確認可能な証券イメージを提供するよう求めることができる。
4）持出銀行が所定の期日までに手形の証券イメージを登録し、当該手形の決済期日において電子交換所システムに障害が発生した場合、持帰銀行が証券イメージを確認できなくとも、当該手形の遡求権は保全される。

●解説と解答●

　手形交換業務は、従来全国の手形交換所で行われていたが、2022年11月2日の全国の手形交換所廃止により、同年11月4日より全国統一の電子交換所（一般社団法人全国銀行協会が設置・運営）に移行された。これに伴い、従来、手形の交換決済にあたり、各金融機関は取引先から取立のために持ち込まれた手形現物を各地の手形交換所に搬送する必要があったところ、手形のイメージデータ（以下、「証券イメージ」という）の送受信により、手形の交換決済を完結できることとなった。

　なお、手形・小切手については、かねてより決済手段のペーパーレス化に向けた検討の一環として電子化が検討されていたが、2021年6月に政府より公表された「成長戦略実行計画」において、「5年後の約束手形の利用廃止」、「小切手の全面的な電子化」が盛り込まれたことから、全国銀行協会により、「2026年度末までに全国手形交換所における手形・小切手の交換枚数をゼロにする」ことを最終目標とする自主行動計画が策定された。当該自主行動計画上、電子交換所は、あくまで「全面的な電子化が達成されるための過渡期的な対応」と位置づけられている。

　1）不適切である。電子交換所は、不渡手形の情報を手形の証券イメージおよ

び証券データを確認する金融機関（以下、「持帰銀行」という）の登録により知ることができるが、原則として手形現物は手形の証券イメージ登録を行う金融機関（以下、「持出銀行」という）に保管されることとなるため、持出銀行が電子交換所に代わり、不渡付箋を貼付するものとされている（電子交換所規則33条2項）。

2）適切である。ただし、交換日の前営業日までに証券イメージを登録することが困難な場合は、交換日当日の午前8時30分までに登録することが認められており（電子交換所規則19条1項）、さらに持帰銀行の承認が得られた場合は、所定の事項を記録したうえで、午前9時30分までに登録することが認められている（同条2項）。

3）適切である（電子交換所施行細則20条1項）。持出銀行は、持帰銀行からの請求があった場合、速やかに手形要件等を確認可能な証券イメージを提供しなければならない（同条2項）。

4）適切である。持出銀行の責めに帰すべき事由により持帰銀行が当該証券イメージを確認できない等の一定の事由がある場合を除き、持出銀行が所定の期限までに当該証券イメージを登録し、手形決済期日が到来すれば、手形は呈示されたものとみなされる（電子交換所規則18条2項3号）。電子交換所システムの障害は持出銀行の責めに帰すべき事由にあたらないため、持出銀行は当該手形を呈示したとみなされ、当該手形の遡求権は保全される。

正解　　1）

1 −17　でんさい

《問》金銀電子債権ネットワーク（以下、「でんさいネット」という）が取り扱う電子記録債権（以下、「でんさい」という）に関する次の記述のうち、最も不適切なものはどれか。
1 ）でんさいは、商業手形担保や債権譲渡担保と同様に、譲渡記録によって譲渡担保として利用することができる。
2 ）でんさいの譲渡は、でんさいネットが譲渡記録をすることによってその効力が生じる。
3 ）債務者が 1 年以内に 2 回以上でんさいの支払不能を発生させた場合、当該債務者は、支払不能から 1 年間でんさいネットの利用および参加金融機関との間の貸出取引が禁止される。
4 ）でんさいは、全部を譲渡することができるだけでなく、その一部を分割して譲渡することもできる。

・解説と解答・

1 ）適切である。でんさい等の電子記録債権は、商業手形担保や債権譲渡担保のように、質権の設定または譲渡担保によって担保として利用することが可能であり、質権の設定は質権設定記録により、譲渡担保は譲渡記録により効力を生じる。
2 ）適切である（電子記録債権法17条、でんさいネットの仕組みと実務Ⅳ−8 ）。
3 ）不適切である。手形交換制度と同様、でんさいネットにも取引停止処分があり、 6 カ月以内に 2 回支払不能が発生した場合は、 2 年間でんさいネットの債務者としての利用、および全参加金融機関においての貸出取引が停止される（全銀協 HP でんさいネット　よくある質問 Q68）。
4 ）適切である（電子記録債権法43条、17条、全銀協 HP でんさいネット　よくある質問 Q33）。

正解　　3 ）

1－18　当座貸越

《問》当座貸越契約に関する次の記述のうち、最も不適切なものはどれか。

1）当座貸越契約では、金融機関は設定された極度額までの融資義務を負う。
2）当座取引先は、極度額が減額された場合は、現存する貸越金のうち、減額後の極度額を超える部分について直ちに支払う義務を負う。
3）当座取引先は、当座貸越契約が終了した場合は貸越元利金について直ちに支払う義務を負うが、取引が中止された場合は、金融機関の請求を受けた場合に限り貸越元利金を支払う義務を負う。
4）金融機関はその裁量で当座勘定の残高または当座貸越の極度額を超えて当座取引先の手形・小切手の支払をすることが可能であり、金融機関がその支払を行った場合には、当座取引先はその弁済義務を負う。

・解説と解答・

1）適切である。当座貸越契約が成立すると、金融機関は極度額までの貸越を行う義務を負う。
2）適切である。金融情勢の変化、債権の保全その他相当の事由があるときは、金融機関はいつでも極度額を減額することができ、当座取引先は、極度額の減額の場合は極度額を超える貸越金を直ちに支払う義務を負う（当座勘定貸越約定書試案6条）。
3）不適切である。金融情勢の変化、債権の保全その他相当の事由があるときは、金融機関はいつでも貸越を中止する、または当座貸越契約を解約することができ、当座取引先は、当座貸越契約の終了または取引の中止の場合は、いずれも貸越元利金を直ちに支払う義務を負う（当座勘定貸越約定書試案6条）。
4）適切である。当座取引先が当座勘定の残高または当座貸越の極度額を超えて手形・小切手を振り出したときに、金融機関が当座勘定の残高または当座貸越の極度額を超えて手形・小切手の支払をすることを過振りという。金融機関は、自らの裁量で過振りに応ずることができ、金融機関が過振りを行った場合には、取引先は弁済義務を負う（当座勘定規定ひな型11条、当座勘定貸越約定書試案1条2項）。

正解　3）

1−19　コミットメント・ライン契約

《問》コミットメント・ライン契約（特定融資枠契約）に関する次の記述のうち、最も不適切なものはどれか。

1）コミットメント・ライン契約とは、貸主がコミットメント・フィーを徴求することによって、借主のために一定の期間、一定の融資限度枠を設定し、その範囲内で借主は借入れを行う権利を取得し、貸主は貸出を行う義務を負担する契約をいう。

2）コミットメント・ライン契約におけるコミットメント・フィーは、特定融資枠契約に関する法律の規定に基づき、利息制限法および出資法におけるみなし利息の規定は適用されない。

3）コミットメント・ライン契約における借主は、会社法における大会社とされる資本金5億円以上または負債200億円以上の株式会社に限られている。

4）コミットメント・ライン契約においては、契約期間中に融資が発生しなかった場合でも、その未使用部分の額について、借主は契約を締結した金融機関にコミットメント・フィーを支払わなければならない。

・解説と解答・

1）適切である（特定融資枠契約法2条1項柱書）。

2）適切である（特定融資枠契約法3条）。

3）不適切である（特定融資枠契約法2条1項各号）。従来、借主は、会社法における大会社に限定されていたが、その後の法改正により、資本金の額が3億円を超える株式会社、保険業法上の相互会社、資産の流動化に関する法律上の特定目的会社などに範囲が拡大されている。

4）適切である（特定融資枠契約法2条1項柱書）。一般に、コミットメント・フィーは、通常、年率で定められ、コミットメント・ラインの額あるいはコミットメント・ラインの額のうち借入れを受けていない部分（未使用部分）の額に対して期間全部または6カ月ごとに算出して前払いまたは後払いされる。

正解　3）

1－20　当座貸越とコミットメント・ライン契約

《問》当座勘定契約に付随した当座貸越契約、およびコミットメント・ライン契約（特定融資枠契約）に関する次の記述のうち、最も不適切なものはどれか。

1）当座貸越契約は、手数料を徴収していないが、コミットメント・ライン契約に該当する。
2）当座貸越契約では、当座勘定貸越約定書のほか、銀行取引約定書（信用金庫取引約定書等を含む）の差入れを受ける必要がある。
3）当座勘定貸越約定書には、「当座貸越取引先に期限の利益の喪失事由に該当する事由が生じた場合には貸越元利金を直ちに支払う」旨の約定が設けられている。
4）当座貸越契約において、金融情勢の変化、債権の保全その他相当の事由のあるときは、金融機関は当該貸越契約を解約することができる。

・解説と解答・

1）不適切である。コミットメント・ライン契約の法的性質は、借主のみが予約完結権を行使することにより、諾成的消費貸借契約が成立し、貸主は、金銭を交付する義務が生じるというものであり、当座貸越契約は、一般に手数料を徴していないこと、極度額までの貸付義務が認められない等、コミットメント・ライン契約とは異なるものである。ただし、当座貸越形態の貸付とコミットメント・ラインには親和性があるため、現在では当座貸越の形態を利用したコミットメント・ライン契約が多用されている。
2）適切である。当座貸越契約において、当座勘定貸越約定書は、銀行取引約定書の差入れを受けていることを前提としている。
3）適切である。このような条項を「即時支払」という（当座勘定貸越約定書試案5条）。ただし、当座貸越には期限の定めがないので、期限の利益喪失条項とは異なる。
4）適切である。当座貸越契約書において、金融情勢の変化、債権の保全その他相当の事由がある場合は、金融機関はいつでも貸越極度額の減額、貸越の中止、貸越契約の解約ができる旨が定められている（当座勘定貸越約定書試案6条1項）。

正解　1）

1 −21　ABL

《問》 ABL（アセット・ベースト・レンディング）に関する次の記述のうち、最も不適切なものはどれか。

1）ABL による融資を実行する金融機関は、通常、集合動産譲渡担保契約または集合債権譲渡担保契約に基づく担保権を設定する。

2）ABL による融資は、複数の金融機関が参加するシンジケートローン形式や、反復的に利用可能なリボルビング形式（極度形式）で実行されることもある。

3）債務者不特定の債権を目的とする集合債権譲渡担保であっても、動産・債権譲渡特例法に基づく登記により第三者対抗要件を具備することができる。

4）ABL による融資を実行するための動産譲渡担保について第三者対抗要件を具備した場合は、債務者が善意・無過失の第三者に担保の目的物を二重譲渡し、当該第三者が即時取得するリスクを回避することができる。

・解説と解答・

1）適切である。ABL とは、企業が有する在庫や売掛債権、機械設備等の事業収益資産を活用した金融手法であり、事業継続を前提とした事業価値全体に担保としての価値を見出し、その事業の過程において債務者が取得する在庫や売掛金に担保を設定し融資する手法である。

2）適切である。

3）適切である（動産・債権譲渡特例法 4 条 1 項）。

4）不適切である。動産譲渡担保について第三者対抗要件を具備する方法には、占有改定による引渡し、または動産・債権譲渡特例法による登記があるが、いずれの場合も、債務者による二重譲渡、第三者による即時取得（民法192条）のリスクは回避できず、不確実性が残る。

正解　　4）

1−22　住宅ローン

《問》住宅ローンに関する次の記述のうち、最も適切なものはどれか。
1）住宅ローンの固定金利期間選択型は、一般に、固定金利の選択期間が短いほど金利が低くなる。
2）提携住宅ローンでは、借入申込みの受付や適格審査は金融機関が行う。
3）住宅ローンの利用者が負担する団体信用生命保険の保険料は、住宅ローン利用者の生命保険料控除の対象となる。
4）団体信用生命保険とは、住宅ローン利用者が死亡・高度障害になった場合に住宅ローン債務が完済となる保険であり、保険契約者兼被保険者をローン借入人とする団体保険である。

・解説と解答・

1）適切である。固定金利の金利水準は、短期（1年未満）の場合は短期金融市場における金利水準、長期（1年以上）の場合は長期金融市場における金利水準で形成される。

2）不適切である。提携住宅ローンでは、借入申込みの受付や適格審査は提携先が行う。

3）不適切である。住宅ローンの利用者が負担する団体信用生命保険の保険料は、住宅ローン利用者の生命保険料控除の対象外である。

4）不適切である。団体信用生命保険とは、金融機関が保険契約者兼保険金受取人となり、住宅ローン借入人が被保険者となる団体保険である。住宅ローン借入人が死亡した場合や高度障害になった場合に残存債務相当額の保険金が支払われ、住宅ローン債務が完済となり、その加入には健康告知を必要とする。

正解　　1）

1−23　個人ローン・住宅ローン

《問》個人ローンや住宅ローンに関する次の記述のうち、最も不適切なものはどれか。
1）個人ローンには、貸金業法のいわゆる総量規制の適用はないが、同法の趣旨を踏まえた適切な審査態勢等の構築が金融機関に求められている。
2）個人ローンは、1件当たりの取扱金額が小口であり事務コストがかかるため、企業向け融資と比べて高い金利が適用されることが多い。
3）住宅ローンを含む個人ローンでは、金融機関が取得した借主の信用情報が個人信用情報機関に提供されることから、借主から書面による同意を取得することとされている。
4）個人ローンの契約に際しては、企業向け融資と同様に、銀行取引約定書および金銭消費貸借契約証書の締結が必要となる。

・解説と解答・

1）適切である（「中小・地域金融機関向けの総合的な監督指針」Ⅱ−7等）。
2）適切である。個人ローンは、個々の借手は十分信用がないという弱点はあるが、1件当たりの金額が比較的少額で、小口分散されており、大口集中化や連鎖倒産の危険は少なく、金利は企業向け融資より割高であり、リスクカバーされるものと思われる。
3）適切である（金融分野ガイドライン12条1項、全国銀行協会「消費者ローン契約書［参考例］」14条）。
4）不適切である。ローン契約書は、銀行取引約定書を徴求しなくとも金銭消費貸借契約証書等のみで規定のすべてを賄えるように作成されている。

正解　4）

1-24　代理貸付

《問》代理貸付に関する次の記述のうち、最も不適切なものはどれか。
1）通常、政府系金融機関の代理貸付においては、受託金融機関に保証
　責任はない。
2）代理貸付の委託金融機関と受託金融機関は委任関係にあり、受託金
　融機関は善管注意義務をもって代理貸付金を管理、回収する義務を
　負う。
3）代理貸付は、いわゆるプロパー融資の補完となり、受託金融機関は
　貸付の主体ではなくとも取引先の資金需要に応じられるメリットが
　ある。
4）代理貸付とは、銀行や信用金庫など一般の金融機関で取扱いが困難
　な資金需要に対し、政府系金融機関が長期かつ低利で融資を行い、
　その融資業務を一般金融機関に代行させる貸付方法である。

・解説と解答・

1）不適切である。受託金融機関は、委託金融機関に対して、貸付金の管理、
回収について代理人としての責任を負い、かつ多くの場合、所定の保証責
任を負う。代理貸付が回収不能となった場合は、元利金の一定割合の保証
債務を履行して代位弁済をする契約となっている。例えば、日本政策金融
公庫の場合は代理店が80％保証することになっているが、個別の代理貸付
によって保証率は異なる。
2）適切である。委託金融機関と受託金融機関の関係は委任（民法643条）で
ある。受託金融機関は善良な管理者の注意義務をもって代理貸付金を管理
回収する義務を負う（同法644条）。
3）適切である。受託金融機関は、自己資金の負担なく取引先のニーズに応え
ることができる。このほか取引先開拓の材料にもなり、また代理貸委託手
数料の収入により利益寄与となるなどのメリットもある。
4）適切である。なお、どの受託金融機関でも代理貸付の融資条件は同じであ
る。

正解　1）

1－25　支払承諾

《問》支払承諾に関する次の記述のうち、最も不適切なものはどれか。
  1） 銀行取引約定書（信用金庫取引約定書等を含む）には、その適用範囲の中に支払承諾が明記されているため、支払承諾の実行時までに取引先と銀行取引約定書を締結していれば、新たに支払承諾約定書を受け入れる必要はない。
  2） 金融機関と取引先との法律関係は、支払承諾の委託と応諾に基づく委任である。
  3） 支払承諾の保証料は、金融機関が信用を貸す使用料や万が一の場合の危険負担料等の意味合いを持つ。
  4） 支払承諾は、取引先の依頼により借入保証や代金支払債務の保証、税金の延納保証などを行うことで、保証料を受け入れる与信行為である。

・解説と解答・

1） 不適切である。銀行取引約定書（信用金庫取引約定書等を含む）には、その適用範囲の中に支払承諾が明記されているが（銀行取引約定書（旧）ひな型 1 条等）、支払承諾に必要なすべての項目が書かれているわけではないので、支払承諾約定書を受け入れて補う必要がある。
2） 適切である。金融機関と取引先との関係は、支払承諾の委託と応諾に基づく委任に当たり、金融機関と第三者との法律関係は保証人と債権者との保証契約である。
3） 適切である。支払承諾の保証料は、法的には商法512条の報酬請求権が根拠条文となる。
4） 適切である。金融機関が融資する代わりに信用を貸す行為であり、取引先は商行為を有利に行うことができる。資金を使わない与信行為であるが、万一の場合の金融機関の危険負担料等として保証料を受け入れている。

正解　　1）

1－26　シンジケートローン

《問》シンジケートローン（協調融資）に関する次の記述のうち、最も不適切なものはどれか。

1）シンジケートローンのうち、タームローン方式とは、一定の期間内に極度額までであれば、借入人の借入申込みの都度、何度でも貸付に応じる方式のことをいう。

2）エージェントの金融機関は、貸付人である金融機関の委任を受けて、資金の授受、貸付人・借入人間の通知連絡および担保管理など期中手続を行う。

3）シンジケートローンでは、一般に、借入人が過大なリスクを取ることを避けるために、貸付人である金融機関が借入人に対して財務制限条項などのコベナンツ（特約条項）を付与する。

4）アレンジャー（とりまとめ役）の金融機関（主幹事）は、借入人の委任を受けて、ローンの利率や期間などを調整し、参加金融機関と分担してシンジケートローンを成立させる役割がある。

・解説と解答・

1）不適切である。タームローン方式とは、契約金額を1回限りで貸し付ける方式のことをいう。本肢はリボルビング方式の説明である。

2）適切である。シンジケートローン実行後は、エージェントが貸付人と借入人の間の連絡を行うとともに、資金の授受や担保管理などの機械的な事務を行う。

3）適切である。コベナンツ抵触の有無確認のために債務者からの継続的な情報開示を受けることにより、信用状態のモニタリングが可能となる。

4）適切である。一般に、アレンジャーの金融機関は、契約締結後はエージェントに就任し、各債権者の代理人となるが、アレンジャーとエージェントは別個の主体であり、必ずしもアレンジャーがエージェントを務めるわけではない。

正解　1）

1 −27　ストラクチャードファイナンス

《問》ストラクチャードファイナンスに関する次の記述のうち、最も不適
　　切なものはどれか。
　1 ）ストラクチャードファイナンスの 1 つである CLO（Collateralized
　　　Loan Obligation）とは、金融機関が事業会社等に対して貸し出して
　　　いる貸付債権について、元利金を担保として証券化し、投資家に販
　　　売することで資金を調達する手法であり、メザニン債等の支払優先
　　　順位の異なる数種類の債権が組成される。
　2 ）ストラクチャードファイナンスの 1 つである債権流動化とは、保有
　　　する金融債権等を売却することで資金を調達する手法であり、代表
　　　的なものとして特定の資産を裏付けとして発行されるアセットバッ
　　　ク CP スキームが挙げられる。
　3 ）ストラクチャードファイナンスの 1 つである不動産証券化とは、不
　　　動産に関する権利を裏付けとした証券を発行し、投資家に販売する
　　　ことで資金を調達する手法であり、代表的なものとして J リートが
　　　挙げられる。
　4 ）ストラクチャードファイナンスの 1 つである DIP ファイナンスと
　　　は、特定の事業自体を資金使途として行う融資で、その返済原資を
　　　その特定事業に属するキャッシュフローに限定したものをいい、代
　　　表的なものとしてコーポレートファイナンスが挙げられる。

・ 解説と解答 ・

　ストラクチャードファイナンスは、「仕組み金融」とも呼ばれ、企業本体の
信用力から保有資産や事業価値を切り離し、それに基づいて資金を調達するこ
とを指す。個々の案件ごとに仕組みが構築されるため、その手法はさまざまで
ある。
1 ）適切である。
2 ）適切である。アセットバック CP とは、設立母体が連結対象にならない
　　SPC（特定目的会社）を設立し、SPC が金融資産の種類や条件を決めて、
　　これを裏付けとした CP（コマーシャルペーパー）を発行して資金を調達
　　する手法である。
3 ）適切である。

4）不適切である。DIP ファイナンスとは、民事再生法や会社更生法を申し立てた企業の、手続申立て後から手続終結までの間において、事業価値を維持させるために必要となる一時的な運転資金や再生計画等の実施に必要となる資金等に対する融資のことを指す。本選択肢は、プロジェクトファイナンスの説明であり、プロジェクトファイナンスは通常、事業に対する経営ノウハウや技術力等に着目し、事業関係者の出資のもとで、その事業を行うためだけに設立された SPC への融資として行われる。

正解　4）

1－28　DES と DDS

《問》DES（デット・エクイティ・スワップ）と DDS（デット・デット・スワップ）に関する次の記述のうち、最も不適切なものはどれか。

1）DES とは、債務者（会社）が有する債務を会社の資本に振り替える手法であり、当該債務者の再建に成功した場合、金融機関は振替によって取得した株式等を売却等すれば当初の貸付金よりも高いキャピタルゲインリターンを得ることが期待できる。

2）DDS とは、債務者（会社）が有する債務を別条件の債務に振り替える手法であり、債権者は株主権を行使することで、債務者の経営について関与・監視をすることができる。

3）債務者（会社）が DES を実施すると、株式転換部分については債務の元本が消滅するが、債務免除益が計上される場合には、課税の対象となる可能性がある。

4）債務者（会社）が DDS を実施したとしても、債務者の損益計算書上は債務免除益が生じず、益金算入が発生しない。

・解説と解答・

1）適切である。DES（デット・エクイティ・スワップ）は債務者に対する一方的な利益供与とならないため、債権放棄に比べ、債務者のモラルハザードを一定程度防止することができるメリットがある。

2）不適切である。DDS（デット・デット・スワップ）では債権を株式に変換するわけではなく、「劣後ローン」や「劣後債」に振り替えるので、金融機関は債務者の経営に関与することができない。そのため、劣後化する際の契約書にコベナンツを付与することにより、債務者の経営を監視することが一般的である。

3）適切である。DES では、元利金返済負担がなくなるが、債務免除益は、税務上は債務消滅益として益金算入され、課税の対象となる。

4）適切である。DDS は、劣後化部分については元本返済が猶予されるが、金利負担は継続する。

<u>正解　2）</u>

1-29 DIP ファイナンス

《問》DIP ファイナンスに関する次の記述のうち、最も不適切なものはどれか。
　1）DIP ファイナンスを実行する場合は、一般に債務者の経営を監視するために、融資契約書において書類提出義務などのコベナンツを付与する。
　2）再生計画等の認可決定後の DIP ファイナンスは、その性質から、一般に1年から数年程度の長期資金として融資される。
　3）DIP ファイナンスによる貸付債権に共益債権としての優先性が付与された場合、当該貸付債権は、商取引に基づく他の共益債権（売掛債権、受取手形等）より優先して弁済される。
　4）再生計画等の認可決定前に DIP ファイナンスを受ける再生会社は、借入れを行う場合や担保を設定する場合、監督委員の同意または裁判所の許可を得る必要がある。

・解説と解答・

1）適切である。DIP ファイナンスとは、民事再生法に基づく再生手続または会社更生法に基づく更生手続の申立てをした企業に対して、手続申立て後から手続終了までの間に行う融資のことであり、債務者企業の事業価値の劣化を防止し、事業再生の可能性を高める役割をもつ。債務者の経営を監視するために付与されるコベナンツ条項には、書類提出義務、報告義務、遵守事項、事前の同意協議義務、禁止事項等がある。ただし、債務者やレンダーにとって負担過多なコベナンツとならないよう、注意が必要である。

2）適切である。再生計画等の認可決定後の DIP ファイナンスをレイターDIP ファイナンスという。レイターDIP ファイナンスは、再生会社等の事業から生じるキャッシュフローにより返済を受けることを前提とするため、ある程度長期的な資金として融資する必要がある。一方、手続申立て直後から再生計画等の認可決定までの DIP ファイナンス（アーリーDIP ファイナンス）は、短期的な運転資金のつなぎ融資となるため、資金繰り上返済原資があるときに返済を受けられるよう、弁済期を設定する必要がある。

3）不適切である。DIP ファイナンスによる貸付債権に共益債権としての優先

　性が付与された場合であっても、当該貸付債権は、他の共益債権より優先
　して弁済されるわけではない。
4）適切である（民事再生法54条2項）。

正解　　3）

1－30　元金均等返済と元利均等返済（計算）

《問》次の〈資料〉に関する次の記述のうち、最も不適切なものはどれか。

〈資料〉

融資金額：300万円

融資期間：5年（毎月返済）

年利　　：3.0%

※　ボーナス返済は適用していない。

※　金利の算出にあたっては、円単位の小数点以下切捨てで算出すること。

※　上記以外の条件は考慮しないものとする。

1）返済方法として元金均等返済を適用している場合、第1回の月賦償還金額の合計は、57,500円である。

2）返済方法として元金均等返済を適用している場合、第2回の返済利息額は、7,375円である。

3）返済方法として元利均等返済を適用している場合、月賦償還金額の合計が53,906円であれば、第1回の元金部分の金額は、46,406円である。

4）返済方法として元利均等返済を適用している場合、月賦償還金額の合計が53,906円であれば、第2回の利息部分の金額は、7,375円である。

・解説と解答・

ひと月分の利息の計算は、年利を12で除して月利を算出し、月の日数や返済日が休日であるかどうかにかかわらず、「元金×月利」によって求める。

元金均等返済では、返済元金は一定であるため、返済回数を重ねるごとに月賦償還金額が減少していき、第1回、第2回の月賦償還金、返済元金、返済利息はそれぞれ下記のとおりである。

元金均等返済	月賦償還金額	返済元金額	返済利息額
第1回	57,500円	50,000[※1]円	7,500円[※2]
第2回	57,375円	50,000[※1]円	7,375円[※3]

※1：元金300万円÷5年÷12カ月＝50,000円

※2：元金残高300万円×年利3.0%÷12カ月＝7,500円

※3：元金残高（300万円－5万円）×年利3.0%÷12カ月＝7,375円

　元利均等返済では、月賦の償還金額が一定であるため、返済回数を重ねるごとに月次の返済元金額が増加していき、第1回、第2回の月賦償還金、返済元金、返済利息はそれぞれ下記のとおりである。

元利均等返済	月賦償還金額	返済元金額	返済利息額
第1回	53,906円	46,406円[※4]	7,500円[※5]
第2回	53,906円	46,523円[※6]	7,383円[※7]

※4：月賦償還金額53,906円－返済利息額7,500円＝46,406円

※5：元金残高額300万円×年利3.0%÷12カ月＝7,500円

※6：月賦償還金額53,906円－返済利息額7,383円＝46,523円

※7：元金残高額（300万円－46,406円）×年利3.0%÷12カ月≒7,383円

1）適切である。元金均等返済の場合、第1回の月賦償還金額は上記※1、※2の合計額となる。

2）適切である。上記※3参照。

3）適切である。上記※4参照。

4）不適切である。元利均等返済の場合、月賦償還金額の合計が53,906円であれば、第2回の利息部分の金額は7,383円となる。上記※7参照。

<u>正解　　4）</u>

1−31　運転資金（1）

《問》次の〈資料〉に基づく所要運転資金の額として、次のうち最も適切なものはどれか。

〈資料〉

平均月商	：200百万円
売上原価率	：75％
在庫期間	：1.2カ月
売上条件	：月末締め、翌月15日回収（最長45日、最短15日）
回収条件	：現金20％、手形80％（手形サイト3カ月）
仕入条件	：月末締め、翌月末支払（最長60日、最短30日）
支払条件	：現金40％、手形60％（手形サイト2.5カ月）

※　売上は全額掛売による（現金等による売上はない）ものとし、仕入は全額掛仕入による（現金等による仕入はない）ものとする。

※　回収条件としての手形サイトは平均月商に対するサイトを表し、支払条件としての手形サイトは平均月仕入高に対するサイトを表すものとする。また、在庫期間は平均月仕入高に対する期間を表すものとする。

※　1カ月は30日で計算し、売上、仕入とも、毎日同額発生するものとする。

1）360百万円

2）395百万円

3）410百万円

4）435百万円

・解説と解答・

〈資料〉に基づき、所要運転資金の算出に必要な各要素の金額は、下記のとおり求めることができる。

1．売上債権

①受取手形＝平均月商200百万円×手形回収割合80％×手形サイト3カ月
　　　　＝480百万円

②売掛金＝平均月商200百万円×平均売掛期間1カ月＝200百万円

※例えば、毎月1日の売上は翌月の15日に回収され（最長45日）、月末の売

上は翌月の15日に回収される（最短15日）。このため、平均売掛期間は1カ月である（最長45日と最短15日の平均＝30日）。

　なお、この計算式で得られる所要運転資金は月末ベースではなく、月中の日々の所要運転資金を計算していることに注意する必要がある。

2．棚卸資産

　③棚卸資産＝平均月商200百万円×売上原価率75％×在庫期間1.2カ月
　　　　　　＝180百万円

3．仕入債務

　④支払手形＝平均月商200百万円×売上原価率75％×手形支払割合60％
　　　　　　　×手形サイト2.5カ月
　　　　　　＝225百万円

　⑤買掛金＝平均月商200百万円×売上原価率75％×買掛期間1.5カ月
　　　　　＝225百万円

※例えば、毎月1日の仕入は翌月末の支払いとなり（最長60日）、月末の仕入は翌月末の支払となる（最短30日）。このため、平均買掛期間は1.5カ月である（最長60日と最短30日の平均＝45日）。

したがって、所要運転資金額は下記のとおり求めることができる。

所要運転資金額＝売上債権＋棚卸資産－仕入債務
　　　　　　　＝（①＋②）＋③－（④＋⑤）
　　　　　　　＝（480百万円＋200百万円）＋180百万円
　　　　　　　　－（225百万円＋225百万円）
　　　　　　　＝410百万円

<u>正解　　3)</u>

1−32 運転資金（2）

《問》次の〈資料〉において、前期から当期にかけての所要運転資金の増
減額として最も適切なものはどれか。

〈資料〉

			前期	当期
平均月商			600百万円	700百万円
売上原価率（平均）			70%	70%
回収条件	売掛期間		1.5カ月	1.2カ月
	売掛金の回収割合	現金	25%	30%
		手形	75%	70%
	手形サイト		2.5カ月	3.0カ月
支払条件	買掛期間		2.0カ月	2.5カ月
	買掛金の支払割合	現金	30%	40%
		手形	70%	60%
	手形サイト		2.5カ月	3.5カ月
在庫期間			2.0カ月	2.0カ月

※ 売上は全額掛売による（現金等による売上はない）ものとし、仕入
は全額掛仕入による（現金等による仕入はない）ものとする。

※ 回収条件としての売掛期間・手形サイトは平均月商に対する期間・
サイトを表し、支払条件としての買掛期間・手形サイトは平均月仕入
高に対する期間・サイトを表すものとする。また、在庫期間は平均月
仕入高に対する期間を表すものとする。

※ 1カ月は30日で計算し、売上、仕入とも、毎日同額発生するものと
する。

1）前期比で、210百万円減少した。
2）前期比で、254百万円減少した。
3）前期比で、271百万円減少した。
4）前期比で、308百万円減少した。

・解説と解答・

　〈資料〉に基づき、前期、当期の所要運転資金はそれぞれ下記のとおり求めることができる。

1．前期の所要運転資金額
　①売上債権＝受取手形＋売掛金
　　　　　　　＝平均月商600百万円×手形回収割合75％×手形サイト2.5カ月
　　　　　　　　＋平均月商600百万円×売掛期間1.5カ月
　　　　　　　＝2,025百万円
　②棚卸資産（在庫）＝平均月商600百万円×売上原価率70％×在庫期間2.0カ月
　　　　　　　　　　　＝840百万円
　③仕入債務＝支払手形＋買掛金
　　　　　　　＝平均月商600百万円×売上原価率70％×手形支払割合70％
　　　　　　　　×手形サイト2.5カ月＋平均月商600百万円×売上原価率70％
　　　　　　　　×買掛期間2.0カ月
　　　　　　　＝1,575百万円
　④前期所要運転資金額（①＋②－③）＝1,290百万円
2．当期の所要運転資金額
　⑤売上債権＝受取手形＋売掛金
　　　　　　　＝平均月商700百万円×手形回収割合70％×手形サイト3.0カ月
　　　　　　　　＋平均月商700百万円×売掛期間1.2カ月
　　　　　　　＝2,310百万円
　⑥棚卸資産（在庫）＝平均月商700百万円×売上原価率70％×在庫期間2.0カ月
　　　　　　　　　　　＝980百万円
　⑦仕入債務＝支払手形＋買掛金
　　　　　　　＝平均月商700百万円×売上原価率70％×手形支払割合60％
　　　　　　　　×手形サイト3.5カ月＋平均月商700百万円×売上原価率70％
　　　　　　　　×買掛期間2.5カ月
　　　　　　　＝2,254百万円
　⑧当期所要運転資金額（⑤＋⑥－⑦）＝1,036百万円
3．前期から当期にかけての所要運転資金額の増減額
　　（⑧1,036百万円－④1,290百万円）＝－254百万円
　したがって、所要運転資金額は、前期比で254百万円減少した。

正解　　2)

1−33　番号法（マイナンバー法）

《問》融資業務における特定個人情報等に関する次の記述のうち、番号法
　　　等に照らし、最も不適切なものはどれか。
　1）金融機関が直接貸付を行う融資業務は、番号法における「個人番号利
　　　用事務」および「個人番号関係事務」のいずれにも該当しない。
　2）金融機関は、融資審査時において、借主の個人番号を取得すること
　　　はできない。
　3）金融機関は、借主から提出を受けた確定申告書等の控えに当該借主
　　　の個人番号の記載があった場合、当該個人番号を復元できない程度
　　　にマスキング等の措置を行えば、この確定申告書等の控えを取得す
　　　ることができる。
　4）金融機関が借主から任意に提出を受けた住民票の写しに、当該借主
　　　の個人番号の記載があった場合、金融機関は個人番号を取得するこ
　　　とができる。

・解説と解答・

1）適切である。
2）適切である。金融機関に対し、融資業務において個人番号の取得を義務づ
　けた法令はなく、個人番号の取得は認められない（番号法19条）。
3）適切である。個人番号の取得が認められていないことから、本選択肢のよ
　うな措置をとり、個人番号を取得しないようにしなければならない（番号
　法20条、「『特定個人情報の適正な取扱いに関するガイドライン』に関する
　Q＆A」5−3）。
4）不適切である。借主が任意に提出した住民票の写しであっても、個人番号
　の取得は認められておらず、金融機関は当該借主に対して、個人番号の記
　載がない住民票の提出を求めるか、個人番号部分を復元できない程度にマ
　スキングする等の工夫を行うことが必要になる（番号法15条、「『特定個人
　情報の適正な取扱いに関するガイドライン』に関するQ＆A」5−3）。

正解　　4）

1－34　個人情報保護法

《問》与信業務における個人情報の取扱いに関する次の記述のうち、個人
　　情報保護法、通則ガイドライン、金融分野ガイドライン等に照ら
　　し、最も不適切なものはどれか。
1 ）個人情報取扱事業者は、個人情報を取り扱うにあたっては、その利
　　用の目的を「できる限り特定」しなければならないが、利用の目的
　　を「自行の所要の目的で用いる」とした場合は、できる限り特定し
　　たものといえない。
2 ）融資の担保物件調査において、所有者の同意を得ずに登記事項証明
　　書を入手して、所有者の個人情報を取得することは、個人情報保護
　　法に抵触しない。
3 ）個人情報取扱事業者は、合併その他の事由により他の個人情報取扱
　　事業者から事業を承継することに伴って個人情報を取得した場合
　　は、あらかじめ本人の同意を得ずに、承継前における当該個人情報
　　の利用目的の達成に必要な範囲を超えて、当該個人情報を取り扱っ
　　てはならない。
4 ）通話内容を録音した音声情報は、本人の氏名等が含まれているかど
　　うかに関わらず、個人情報の取得には該当しない。

・解説と解答・

1 ）適切である（個人情報保護法15条 1 項）。金融分野ガイドラインでは、「自
　　社の所要の目的で用いる」といった抽象的な利用目的では、「できる限り
　　特定」したものとはならないとされており、「利用目的は、提供する金融
　　商品又はサービスを示した上で特定することが望ましい」としている（金
　　融分野ガイドライン 2 条 1 項）。
2 ）適切である。不動産登記制度は不動産の所有権やその他の権利の権利者の
　　公示と取引の安全性の担保を目的として設けられた制度であり、手数料さ
　　え納めれば誰でも登記事項証明書の入手が可能である。したがって、所有
　　者の同意を得ずに登記事項証明書から個人情報を取得しても、偽りその他
　　不正な手段による取得には当たらない。
3 ）適切である（個人情報保護法18条 2 項）。なお、本人の同意を得るために
　　個人情報を利用することは、承継前の利用目的として記載されていない場

合でも、目的外利用には該当しない（通則ガイドライン3−1−4）。

4）不適切である。個人に関する情報には映像・音声による情報も含まれ、本人の氏名が含まれる等の理由により特定の個人を識別できる音声録音情報は、個人情報に該当する事例とされている（通則ガイドライン2−1、「個人情報の保護に関する法律についてのガイドラインに関するQ＆A」1−10）。

正解　　4）

第 2 章

担保・保証

2－1　抵当権の設定（1）

《問》X銀行が取締役会設置会社であるA社と融資取引を行うにあたり、
　　　A社所有の不動産等に抵当権の設定を受ける際における、抵当権設
　　　定登記手続に関する次の記述のうち、最も適切なものはどれか。
　1）A社所有の不動産に抵当権の設定を受ける場合、当該抵当権の設定
　　　登記は、登記権利者であるX銀行と登記義務者であるA社が共同し
　　　て申請する必要がある。
　2）A社所有の不動産に抵当権の設定を受けるとき、A社が抵当不動産
　　　の登記済証（権利証）を紛失した場合や登記識別情報を有していな
　　　い場合は、保証書の発行を受けて抵当権設定登記を行うことができ
　　　る。
　3）A社の工場について抵当権設定登記をする場合は、重要な財産の処
　　　分に該当する可能性を考慮して、A社の株主総会の承認を得ている
　　　かどうかを確認する必要がある。
　4）X銀行が抵当権の設定を受けようとするA社所有の不動産に、買戻
　　　しの特約に関する登記がされている場合において、当該不動産の売
　　　買契約の日から10年が経過したときは、登記権利者であるA社と登
　　　記義務者である買戻権者が共同で登記の抹消を申請しなければなら
　　　ない。

・解説と解答・

1）適切である（不動産登記法60条）。
2）不適切である。2005年3月7日に改正不動産登記法が施行され、権利証が
　ない場合の登記方法として認められていた保証書による方法が廃止され
　た。代わって、事前通知制度や公証人による認証制度あるいは司法書士等
　の本人確認制度によって、権利証や登記識別情報がない場合でも登記手続
　を行うことが可能となっている（不動産登記法23条1項・4項）。
3）不適切である。取締役会設置会社の保有する財産に対し抵当権設定登記を
　行う場合、株主総会の承認ではなく、取締役会の決議を受ける必要があ
　る。担保提供は財産の処分と解されるうえ、工場全体が対象となれば重要
　な財産の処分であると解される可能性が高く、取締役会設置会社の場合に
　は取締役会の決議事項となる（会社法362条4項1号）。したがって、取締

　役会議事録を徴求して、当該抵当権設定が取締役会で決議されていること
を確認しておく必要がある。

4）不適切である。買戻しの特約とは、不動産の売主が、売買契約と同時にし
た特約により、買主が支払った代金および契約の費用を返還して、売買の
解除をすることができるというものである（民法579条）。この買戻しの期
間は、10年を超えることができず、特約でこれより長い期間を定めたとき
は、その期間は10年となる（同法580条1項）。また、買戻し期間を定めた
ときは、その後に期間を延長することはできず（同条2項）、買戻し期間
を定めなかったときは、5年以内に買戻しをしなければならない（同条3
項）。買戻し特約は、その登記により第三者に対抗することができる（同
法581条1項）。なお、令和5年6月の不動産登記法改正により、買戻しの
特約に関する登記がされている場合において、契約の日から10年を経過し
たときは、登記権利者は、単独で登記の抹消を申請することができること
となった（不動産登記法69条の2）。

正解　　1）

2-2 抵当権の設定 (2)

《問》抵当権設定における仮登記および登記留保に関する次の記述のうち、最も適切なものはどれか。

1) 抵当権設定の仮登記をした場合、その仮登記には順位保全の効果があるので、後日、本登記をすれば、当該仮登記後になされた第三者による抵当権設定登記に優先する。

2) 売買予約を原因とする所有権移転の仮登記がされている土地について、土地所有者から抵当権の設定を受けて登記を完了した場合、抵当権設定登記が仮登記に優先するので、当該仮登記に基づく本登記がなされても、抵当権者はそれに対抗することができる。

3) 抵当権設定の仮登記をした場合、仮登記のままで、当該仮登記に係る抵当権に基づく競売を申し立てることができる。

4) 抵当権設定契約を締結し、その登記を留保している場合、登記留保抵当権者は、抵当権設定契約書を添付することにより、抵当権に基づく競売を申し立てることができる。

・解説と解答・

1) 適切である。仮登記に基づく本登記の順位は、仮登記の順位による（不動産登記法106条）。

2) 不適切である。仮登記に基づく本登記の順位は、仮登記の順位によることから（不動産登記法106条）、抵当権設定登記は当該所有権移転登記に遅れてなされたものとなるため、当該抵当権をその所有権移転登記を行った者に対して主張することができないこととなるが、不動産登記法上、仮登記に基づく本登記にあたって、抵当権者は、登記上の利害関係を有する第三者として承諾を求められることとなる（同法109条1項）。抵当権者が承諾しない場合、所有権移転についての本登記を行おうとする仮登記権利者は、抵当権者に対して訴訟を提起して、その承諾に代わる判決を取得する必要がある。

3) 不適切である。抵当不動産の競売や収益執行は、登記事項証明書の提出などにより開始することができるが、この登記事項証明書に仮登記は含まれない（民事執行法181条1項3号）。

4) 不適切である。担保不動産競売を申し立てるには、担保権の登記に関する

登記事項証明書、担保権の存在を証する公正証書、確定判決等のいずれか
の文書の提出が必要とされており（民事執行法181条 1 項）、抵当権設定契
約書の提出により競売を申し立てることはできない。

<u>正解</u>　　1)

2－3　抵当権の性質・効力等（1）

> 《問》抵当権の性質または効力等に関する次の記述のうち、最も適切なものはどれか。
>
> 1）土地とその土地上の建物の所有者が同一の場合、土地に抵当権の設定を受ければ、当該抵当権の効力は建物にも及ぶ。
> 2）借地上の建物に抵当権の設定を受けた場合、当該抵当権の効力は建物の借地権に及ぶ。
> 3）普通抵当権においては、債権額の範囲内であれば、元本のほか、利息・損害金についても制限なく優先弁済権が認められる。
> 4）登記上の土地所有者（登記名義人）から抵当権の設定を受け、その登記を完了した場合、その登記上の所有者が真の所有者ではなかったときでも、抵当権者は、その土地の真の所有者に対して抵当権を対抗することができる。

・解説と解答・

1）不適切である。土地と建物は別個の独立した不動産であり、土地のみに抵当権の設定を受けた場合には、その抵当権の効力は建物に及ばない。なお、抵当権の設定当時において、土地上に建物が存在し、その両者の所有者が同一である場合に、その土地あるいは建物の一方のみに抵当権が設定され、その抵当権が実行され売却された結果、土地と建物の所有者が異なるようになったときには、法定地上権が成立することになる（民法388条）。

2）適切である。抵当権の効力は、その目的である不動産の従物（主物の所有者が主物の常用に供するために主物に付属させた物をいう）に及ぶとされている（民法87条2項）。借地上の建物の借地権は、抵当権の目的不動産の従たる権利であり、目的不動産である建物に設定された抵当権の効力が及ぶ（民法370条、最判昭40.5.4民集19巻4号811頁）。

3）不適切である。普通抵当権において優先弁済権の及ぶ利息・損害金の範囲は、原則として、満期となる最後の2年分に限られる（民法375条1項）。

4）不適切である。わが国においては登記に公信力が認められていないため、抵当権の設定登記をしたとしても、登記上の所有者（登記名義人）が無権利者であった場合には、原則として、当該抵当権は無効であり、真の所有者に対して抵当権を対抗できない。

正解　2）

2－4　抵当権の性質・効力等（2）

《問》抵当権の性質または効力等に関する次の記述のうち、最も不適切な
ものはどれか。
1）建物に抵当権の設定を受けた場合、その設定前に、建物所有者に
　　よって設置された空調設備については、抵当権の効力が及ぶ。
2）抵当権設定者が抵当不動産の登記済証（権利証）を紛失した場合、
　　または登記識別情報を有していない場合、事前通知制度を利用して
　　抵当権設定登記を行うことができる。
3）抵当権設定契約は諾成契約であり、不動産に対する抵当権の設定
　　は、当事者の合意によって効力を生ずるが、その登記をしなければ
　　第三者に対抗できない。
4）抵当権によって被担保債権の利息を担保させるために、利息に関す
　　る定めを登記する必要があるが、その利率については登記する必要
　　がない。

・解説と解答・

1）適切である。空調設備は、その種類、構造および備付けの態様等によっ
　　て、建物の付合物（付加物）（民法242条）であるとみられるものと従物
　　（同法87条1項）とみられるものとがあるが、抵当権の設定前に設置され
　　たものであれば、付合物と従物のいずれとみられる場合も、建物に対する
　　抵当権の効力が及ぶ。抵当権の効力は、特別の定めをしない限り、目的不
　　動産に付加して一体となっている物（付加一体物）に及び（同法370条）、
　　付加一体物の解釈として、雨戸、入口の戸扉、建物の内外を遮断する建具
　　類等の付合物が含まれることは当然であるため、付合物が抵当権設定後に
　　付加されたものであっても、抵当権の効力が及ぶこととなる。一方、燈
　　籠、畳、建具等の従物が付加一体物に含まれるか否かについては見解が明
　　確でないが、従物が付加一体物に含まれないとする解釈においても、民法
　　87条2項における「従物は、主物の処分に従う」との規定に基づき、抵当
　　権設定前に設置された従物には、抵当権の効力が及ぶと解されている。
2）適切である。権利証や登記識別情報がない場合、登記所から登記名義人宛
　　に本人確認を行う事前通知制度（不動産登記法23条1項）のほか、公証人
　　による認証制度あるいは司法書士等の本人確認制度（同条4項）によって

も登記手続を行うことが可能となっている。

3） 適切である（民法176条、177条）。

4） 不適切である。利息に関する定めの有無および利率を登記する必要がある（不動産登記法88条1項1号）。

正解　　4)

2－5　抵当権の性質・効力等 (3)

《問》抵当権の性質または効力等に関する次の記述のうち、最も適切なものはどれか。
1）抵当権の目的物件は、土地または建物に限られている。
2）抵当権の順位を変更する場合、登記されているすべての抵当権者の合意を得るのみならず、債務者や抵当権設定者の承諾を得なければならない。
3）普通抵当権の被担保債権の全額が弁済された場合でも、当該抵当権の設定登記が抹消されない限り、抵当権は有効に存続する。
4）普通抵当権における優先弁済権の範囲は、被担保債権の残存額に、満期となった最後の2年分の利息・損害金を加えた額までであるが、抵当物件の換価代金が後順位担保権者等に配当しても残余がある場合は、2年分の利息・損害金を超えて配当を受けることができる。

・解説と解答・

1）不適切である。民法上、抵当権は、土地または建物の不動産のほか、地上権、永小作権を目的として設定することができる（民法369条2項）。なお、それに加えて、立木、登記船舶、登録自動車等を目的とする動産抵当・財団抵当などが特別法により認められている。
2）不適切である。抵当権の順位の変更は、転抵当権者や差押債権者等の利害関係を有する者があれば、その承諾を得なければならないが、債務者や抵当権設定者は利害関係を有する者に該当せず、その承諾は不要である（民法374条1項）。
3）不適切である。普通抵当権は付従性を有しており、被担保債権が消滅した場合には、抵当権も消滅する。登記は、効力要件としての意義を有するものではない。
4）適切である（民法375条）。本規定は、後順位抵当権者等のように抵当不動産について正当な利益を有する第三者を保護する規定であり、抵当権設定者自身が本規定を理由として抵当権者の権利を最後の2年分に制限することはできない。

正解　4）

2−6　担保物件の変動等（1）

《問》担保物件の変動等に関する次の記述のうち、最も不適切なものはどれか。
　1）建物に抵当権の設定を受けた後に、当該建物の所有者が当該建物の
　　　1階に独立性を有しない茶室を増築した場合、その茶室部分につい
　　　ては、抵当権の効力が及ぶ。
　2）建物に抵当権の設定を受けた後に、当該建物の所有者が当該建物を
　　　取り壊して建て替えた場合、その建替え後の建物についても、抵当
　　　権の効力が及ぶ。
　3）A建物に抵当権の設定を受け登記を完了した後に、A建物と隣接す
　　　るB建物が合体されることとなった場合、消滅するA建物について
　　　抵当権の抹消登記をするためには、抵当権者の承諾が必要である。
　4）建物に抵当権の設定を受けて登記を完了している場合、当該建物の
　　　所有者が当該建物と他の建物を合併することは、原則として認めら
　　　れない。

・解説と解答・

1）適切である。増築された茶室部分は、独立性を有しないことから既存建物
　の付合物（民法242条）であると考えられる。抵当権はその目的である不
　動産の付加一体物にも及び（同法370条）、付合物は付合の時期を問わず付
　加一体物として抵当権が及ぶと解されていることから、抵当権設定後に増
　築されたものであっても、抵当権の効力が及ぶ。
2）不適切である。抵当権の設定された建物が取り壊された場合、建物に設定
　されていた抵当権は消滅する。建替え後の建物は従前の建物とは同一性が
　ないことから、従前の建物に設定されていた抵当権の効力は、建替え後の
　建物に対して及ばない。
3）適切である。建物の合体とは、2個以上の別個に登記されていた建物に
　ついて、物理的変更を加えることによって構造上1個の建物とする場合
　をいう（不動産登記法49条）。合体の場合、A建物とB建物について表示
　登記の抹消（滅失登記）がなされ、新たにC建物として表示登記がなされ
　るが、表示登記の抹消がなされる（消滅する）A建物についての抵当権の
　抹消登記をするためには、抵当権者の承諾が必要である（同法50条）。な

　お、抵当権者の承諾がない場合は、旧建物に係る抵当権の登記は、新建物の登記に移記される（不動産登記規則120条4項）。

4）適切である。建物の合併とは、2個以上の別個に登記されていた建物について、物理的変更を加えることなく登記上1個の建物とする場合をいう（不動産登記法54条1項3号）。合併の例としては、これまで別々に1個の建物として登記されていた2個の建物を、主たる建物とその附属建物として、主たる建物の登記に附属建物を吸収する場合などがあるが、合併するどちらかの建物に抵当権の設定登記があるときは、原則として、合併は認められない（同法56条5号）。

正解　　2)

2－7　担保物件の変動等（2）

> 《問》担保物件の変動等に関する次の記述のうち、最も不適切なものはどれか。
> 1）建物に抵当権の設定を受けた後に、建物所有者が当該建物を増築し、一体の建物となっても、増築部分が仕切壁、天井、床などで既存の建物と遮断され、構造上および利用上の独立性を保てば、その増築部分に抵当権の効力は及ばない。
> 2）土地に抵当権の設定を受けて登記を完了している場合、当該土地の所有者は原則として、抵当権者の承諾を得なければ、当該土地を抵当権の設定されていない他の土地と合筆することができない。
> 3）土地に抵当権の設定を受けて登記を完了している場合、当該土地の所有者が当該土地の分筆を行うと、当該抵当権は消滅する。
> 4）独立の建物に、抵当権の登記のある建物を付属建物として合併して登記することはできない。

・解説と解答・

1）適切である。一棟の建物に構造上区分された部分が独立した（別個の）建物とされるのであれば（区分所有法1条）、既存建物の抵当権の効力は及ばない。

2）適切である。合筆後の土地の登記記録に登記することができるものとして法務省令で定めるものがある土地を除き、所有権の登記以外の権利に関する登記のある土地は合筆することができない（不動産登記法41条6号）。このため、抵当権の設定されていない土地と抵当権の設定されている土地を合併したい場合は、いったん抵当権者の承諾を得たうえで抵当土地における抵当権登記を抹消してから、合併による合筆の登記を申請し、あらためて合筆後の土地に対して抵当権の設定登記を行う必要がある。

3）不適切である。抵当権の設定されている土地が分筆された場合、分筆後の土地に当該抵当権の登記が転写され、共同担保目録が作成される（不動産登記規則102条1項）。ただし、抵当権者が分筆後のいずれかの土地について抵当権を消滅させることを承諾した場合には、当該承諾に係る土地について抵当権が消滅した旨を登記したうえで分筆登記がなされる（不動産登記法40条）。

4）適切である（不動産登記法54条1項3号、56条5号）。抵当権のある建物について合併の登記をすることはできない。　　　　　　　　　正解　3）

2－8　抵当権消滅請求

《問》民法上の抵当権消滅請求に関する次の記述のうち、最も不適切なものはどれか。

1）抵当不動産の第三取得者は、抵当権消滅請求をすることができる。
2）抵当不動産に係る主たる債務者および保証人は、抵当権消滅請求をすることができない。
3）抵当権消滅請求は、抵当権の実行としての競売による差押えの効力が発生する前に行わなければならない。
4）抵当権者は、抵当権を実行しようとする場合には、あらかじめ抵当不動産の第三取得者に対して抵当権実行に係る通知をしなければならない。

・解説と解答・

1）適切である（民法379条）。抵当不動産の第三取得者は、登記をした各債権者に対し、所定の事項を記載した書面を送付することで抵当権消滅請求を行うことができる（同法383条）。

2）適切である。主たる債務者、保証人およびこれらの者の承継人は、抵当権消滅請求をすることができない（民法380条）。

3）適切である（民法382条）。

4）不適切である。かつての滌除制度においては、抵当権者による第三取得者に対する抵当権実行通知が必要とされていたが、抵当権消滅請求制度においては不要となった。なお、抵当不動産の第三取得者から抵当権消滅請求を受けた後2カ月以内に、抵当権者が抵当権を実行して競売を申し立てる場合には、抵当権者は、同一の期間内に債務者および抵当不動産の譲渡人にその旨を通知しなければならない（民法385条）。この期間内に抵当不動産競売の申立てをしない場合は、抵当権者は、抵当権消滅請求を承諾したものとみなされる（同法384条1号）。

正解　4）

2－9　根抵当権の設定・効力等

《問》根抵当権の設定または効力等に関する次の記述のうち、最も適切な
　ものはどれか。
　1）根抵当権設定の時点において、金融機関と債務者との間で具体的な
　　　借入れの予定がない場合、根抵当権は有効に設定することができな
　　　い。
　2）同一の不動産に設定された複数の根抵当権相互の順位は、確定日付
　　　の付された根抵当権設定契約証書の日付の前後による。
　3）根抵当取引の継続中に、根抵当権の被担保債権が譲渡または更改さ
　　　れて、債権者または債務者が変わったときは、当該被担保債権は、
　　　当該根抵当権によって担保されない。
　4）根抵当権設定契約の締結の際に極度額を定めなくとも、根抵当権は
　　　有効に成立する。

・解説と解答・

1）不適切である。根抵当権は一定の範囲に属する不特定の債権を担保するた
　　めのものであるから（民法398条の2第1項）、抵当権とは異なり、根抵当
　　権には元本が確定するまでは付従性がなく、被担保債権が発生していなく
　　ても根抵当権を設定することができる。
2）不適切である。同一の不動産に設定された複数の根抵当権相互の順位は、
　　根抵当権設定登記の前後による（民法373条）。
3）適切である（民法398条の7第1項・4項）。
4）不適切である。根抵当権設定契約には、極度額および当該根抵当権の担保
　　すべき被担保債権の範囲が定められなければならない（民法398条の2、
　　398条の3）。また、これを第三者に対抗するためにはその登記が必要とな
　　る（同法177条、不動産登記法88条2項1号）。

正解　　3）

2-10 根抵当権の被担保債権の範囲 (1)

《問》根抵当権の被担保債権の範囲に関する次の記述のうち、最も不適切なものはどれか。

1) 根抵当権の被担保債権の範囲は、原則として、債務者との特定の継続的取引契約によって生ずるもの、その他債務者との一定の種類の取引によって生ずるものに限定して定めなければならない。

2) 特定の原因に基づいて債務者との間に継続して生ずる債権、手形上もしくは小切手上の請求権または電子記録債権法上の電子記録債権は、根抵当権の担保すべき債権とすることがきる。

3) 根抵当権の被担保債権の範囲に、債務者との取引によらないで取得する手形上もしくは小切手上の請求権または電子記録債権を含めた場合、債務者についての破産手続開始の申立てがあったときは、そのことを知った後に取得したものは根抵当権を行使できない。

4) 根抵当権の被担保債権の範囲は、「債務者との間で現在発生しているすべての債権および将来において生ずる一切の債権」というように、債務者が特定されていれば包括的に定めることができる。

・解説と解答・

1) 適切である（民法398条の2第2項）。

2) 適切である（民法398条の2第3項）。

3) 適切である。債務者についての破産手続開始の他、債務者の支払停止、再生手続開始、更生手続開始、特別清算開始の申立て、抵当不動産に対する競売の申立て、滞納処分による差押えの事由がある（民法398条の3第2項）。債権者が債務者の資産状態の悪化したことを示す一定の事由を知った後は、駆込みでの取得を排除するため、債権者の取得した手形・小切手上の請求権・電子記録債権は担保されない。

4) 不適切である。根抵当権においては、後順位抵当権者および一般債権者の利益を害することのないよう、被担保債権の範囲を限定する必要があり、包括的に定めることは認められていない（民法398条の2第2項・3項）。

<u>正解　4)</u>

2−11　根抵当権の被担保債権の範囲（2）

《問》X銀行はA社を債務者とする根抵当権を有し、その被担保債権の範
囲は「銀行取引」「手形債権」「小切手債権」「電子記録債権」と登記
されている。下記の債権のうち、この根抵当権によって担保されな
いものを選びなさい。
1）X銀行のB社に対する融資金をA社が保証したことによる保証債権
2）X銀行がC社との融資取引において譲渡担保として取得したC社が
A社に対して有していた売掛金債権
3）A社がD社に対して振り出した約束手形をX銀行がD社との手形割
引取引によって取得した手形債権
4）X銀行がE信用保証協会の保証を受け行ったA社に対する融資金債
権（根抵当権は保証の条件にはなっていない）

・解説と解答・

　根抵当権の被担保債権の範囲は、「債務者に対するいっさいの債権」という
定め方は認められず、「特定の継続的取引契約（○年○月○日商品供給契約な
ど）によって生ずる債権」、「一定の種類の取引（売買取引、銀行取引など）に
よって生ずる債権」、または「手形上・小切手上の請求権」、「電子記録債権」
といった定め方が認められている（民法398条の2）。銀行においては、「銀行
取引によって生ずる債権（以下、「Ⅰ債権」という）」および「手形上・小切手
上の請求権（以下、「Ⅱ債権」という）」という定め方が一般的である。なお、
Ⅰ債権における「取引」とは、債権者である銀行と債務者との間の直接取引を
意味するものとされ、債権者である銀行が第三者との取引により債務者に対す
る債権（いわゆる回り手形・小切手など）を取得しても、当該債権は当然には
担保されず、当該債権を被担保債権に含めたい場合は、被担保債権の範囲を、
「銀行取引、手形上・小切手上の請求権、電子記録債権」などとする必要があ
る。
　なお、一定の種類の取引として銀行取引、信用金庫取引、信用組合取引は認
められているが、農業協同組合取引は認められていない。
1）は、Ⅰ債権に該当する（最判平5.1.19民集47巻1号41頁、金法1347号6
頁）。
2）は、Ⅰ債権・Ⅱ債権のどちらにも該当しない。

3）は、Ⅱ債権に該当する。

4）は、Ⅰ債権に該当する。なお、協会保証の有無や根抵当権が保証条件であるか否かによって影響を受けない。

正解　2)

2−12 根抵当権の元本の確定期日・確定事由

《問》根抵当権の元本の確定期日または確定事由に関する次の記述のうち、最も不適切なものはどれか。

1) 元本の確定期日を変更する場合、その期日は、その合意の日から5年以内でなければならない。
2) 元本の確定期日の定めは、登記をしなければその効力が発生しない。
3) 根抵当権の債務者または根抵当権設定者が破産手続開始決定を受けたときは、根抵当権の元本が確定する。
4) 根抵当権者が抵当不動産について競売もしくは担保不動産収益執行または物上代位による差押えを申し立てたときは、競売手続もしくは担保不動産収益執行手続の開始または差押えがあったときに限り根抵当権の元本が確定する。

・解説と解答・

1) 適切である（民法398条の6第3項）。なお、変更前の元本確定期日が到来するまでに、変更の登記をしなければ、根抵当権は変更前の期日において確定する（同条4項）。

2) 不適切である。元本の確定期日の定めは登記事項であるが（不動産登記法88条2項3号）、対抗要件であり、登記がなされていなくても、当事者間ではその定めは有効である。なお、金融実務では、元本の確定期日を定めると期日管理が煩雑となるため、定めないのが通例である。

3) 適切である（民法398条の20第1項4号）。ただし、破産手続開始決定の効力が消滅したときは、元本が確定したものとしてその根抵当権またはこれを目的とする権利を取得した者があるときを除き、元本は確定しなかったものとみなされる（同条2項）。

4) 適切である（民法398条の20第1項1号）。

正解　2)

2−13　根抵当権の確定請求・消滅請求等

《問》根抵当権の確定請求または消滅請求等に関する次の記述のうち、最も不適切なものはどれか。
1）根抵当権の元本の確定期日を定めなかった場合、根抵当権設定者は、根抵当権の設定の時から3年を経過しなければ、元本の確定を請求することができない。
2）根抵当権の元本の確定期日を定めなかった場合、根抵当権者は、根抵当権の設定の時から1年を経過しなければ、元本の確定を請求することができない。
3）元本の確定後においては、根抵当権設定者は、その根抵当権の極度額を、現に存する債務の額と、以後2年間に生ずべき利息・損害金の額との合計額に減額することを請求することができる。
4）元本の確定後において、現に存する債務の額が根抵当権の極度額を超えるときは、物上保証人である根抵当権設定者は、その極度額に相当する金額を払い渡して、根抵当権の消滅請求をすることができる。

・解説と解答・

1）適切である（民法398条の19第1項・3項）。なお、その請求の時から2週間を経過することによって元本が確定する。
2）不適切である。根抵当権の元本の確定期日を定めなかった場合、根抵当権者は、いつでも元本の確定を請求することができ、その請求の時に元本が確定する（民法398条の19第2項・3項）。
3）適切である（民法398条の21第1項）。なお、当該根抵当権が共同根抵当権である場合、1個の不動産について減額請求があると、当該共同根抵当権には一体として極度額減額の効力が生じる（同条2項）。
4）適切である（民法398条の22第1項）。なお、主たる債務者、保証人、およびこれらの者の承継人は、自らの債務を負担する者であるため、債務の全額を弁済しなければ根抵当権を消滅させることはできない（同法398条の22第3項、380条）。

正解　2）

2－14　根抵当権の変更・処分等（1）

《問》根抵当権の変更または処分等に関する次の記述のうち、最も適切な
ものはどれか。
1）根抵当権の債務者の変更は、元本の確定の前後を問わず行うことが
できる。
2）根抵当権の被担保債権の範囲の変更は、元本の確定の前後を問わず
行うことができる。
3）根抵当権の債務者の変更、被担保債権の範囲の変更は、後順位抵当
権者その他の第三者の承諾を得ることを要しない。
4）根抵当権の債務者の変更または被担保債権の範囲の変更の登記は、
元本確定後に行っても有効とされる。

・解説と解答・

1）不適切である。根抵当権の債務者の変更は、元本の確定前にのみ、根抵当
権者と根抵当権設定者の合意によって行うことができる（民法398条の4
第1項）。
2）不適切である。根抵当権の被担保債権の範囲の変更は、元本の確定前にの
み、根抵当権者と根抵当権設定者の合意によって行うことができる（民法
398条の4第1項）。
3）適切である。根抵当権の債務者の変更、被担保債権の範囲の変更のいずれ
も、その変更については、後順位抵当権者その他の第三者の承諾を得るこ
となく行うことができる（民法398条の4第2項）。
4）不適切である。根抵当権の債務者の変更、被担保債権の範囲の変更のいず
れも、元本確定前に登記をしなかったときは、その変更をしなかったもの
とみなされる（民法398条の4第3項）。

正解　　3）

2－15　根抵当権の変更・処分等（2）

《問》根抵当権の変更または処分等に関する次の記述のうち、最も適切なものはどれか。
1）根抵当権の順位の譲渡は、元本の確定前にすることができる。
2）根抵当権の順位の放棄は、元本の確定前にすることができる。
3）根抵当権設定者からの極度額の減額請求は、元本の確定前にすることができる。
4）根抵当権の譲渡は、元本の確定前にすることができる。

・解説と解答・

1）不適切である。根抵当権の順位の譲渡は、元本の確定前にすることはできない（民法398条の11、376条）。
2）不適切である。根抵当権の順位の放棄は、元本の確定前にすることはできない（民法398条の11、376条）。なお、元本確定前の根抵当権において、元本確定後の根抵当権の順位の放棄に近い効果を得る方法としては、譲渡の当事者間で相互に根抵当権の一部譲渡（民法398条の13）をし合う方法がある。
3）不適切である。根抵当権設定者からの極度額の減額請求は、元本の確定前にすることはできない（民法398条の21第1項）。
4）適切である（民法398条の12）。なお、元本の確定後においては根抵当権の譲渡は認められていない。

正解　　4）

2－16　共同抵当・共同根抵当

《問》共同抵当または共同根抵当に関する次の記述のうち、最も不適切な
ものはどれか。
　1）共同抵当は、同一の債権を担保するために、同時に、債務者所有の
　　複数の不動産に抵当権の設定を受ける場合にのみ成立する。
　2）調査対象の不動産における共同抵当の設定の有無や、共同抵当関係
　　にある不動産は、当該不動産の登記事項証明書の「権利者その他の
　　事項」欄や、当該登記事項証明書に付加された共同担保目録により
　　確認することができる。
　3）累積式ではない共同根抵当は、根抵当権設定の登記と同時に、共同
　　根抵当である旨の登記をしなければ、その効力を生じない。
　4）共同根抵当が成立するためには、それぞれの根抵当権の被担保債権
　　の範囲、債務者および極度額が同一でなければならない。

・解説と解答・

1）不適切である。同一の債権を担保するために、数個の不動産に設定された
　抵当権を共同抵当という。不動産の所有者が異なる場合（例えば、債務者
　所有不動産や物上保証人所有不動産に抵当権を設定する場合）や、各抵当
　権が最初から同時に設定された場合に限らず、追加担保として後から設定
　された場合でも、共同抵当は成立する。
2）適切である。乙区欄に記載される「権利者その他の事項」欄に共同担保の
　有無が記載されるものの、それだけではどの不動産が共同担保の対象と
　なっているか判らないため、登記事項証明書を調査する際、共同担保目録
　を付加するように申請することで、どの不動産が共同抵当の対象となって
　いるかを確認することができる。
3）適切である（民法398条の16、不動産登記法83条1項4号）。累積式ではな
　い純粋な共同根抵当権は登記が効力要件とされている。なお、累積式では
　ない共同根抵当権の場合、共同根抵当権が生ずる際に、同時に共同根抵当
　である旨の登記を行うことが要件であることから、既存の根抵当権に加え
　て、同一の債権を担保するために他の不動産について根抵当権の設定を受
　ける際に、同時に共同根抵当である旨の登記を行うことで既存根抵当権の
　追加的共同根抵当とすることもできる。

4）適切である（民法398条の16）。被担保債権の範囲、債務者、および極度額が同一であることが共同根抵当の成立要件である。したがって、すでに成立している共同根抵当権に被担保債権の範囲、債務者、または極度額の変更を行う場合や、譲渡または一部譲渡を行う場合は、すべての不動産について登記を行う必要がある（同法398条の17第1項）。

<u>正解　　1）</u>

2－17　共同根抵当

《問》累積式ではない共同根抵当に関する次の記述のうち、最も適切なものはどれか。

1）累積式ではない共同根抵当の場合、既存の根抵当権に加えて、同一の債権を担保するために他の不動産について根抵当権の設定を受けるときに、追加的に共同根抵当権を設定することはできない。

2）複数の不動産の上に極度額や被担保債権の範囲、債務者等が同一の根抵当権を同時に設定すれば、累積式の共同根抵当ではなく純粋な共同根抵当が成立する。

3）累積式ではない共同根抵当の設定を受けた不動産について担保不動産競売を申し立てる場合、そのうちのすべての不動産について同時に競売を申し立てなければならない。

4）累積式ではない共同根抵当の登記がされている場合、その1個の不動産についてのみ元本の確定すべき事由が生じたときは、そのすべての根抵当権につき担保すべき元本が確定する。

・解説と解答・

1）不適切である。累積式ではない共同根抵当の要件は、共同根抵当権が生ずる際に、同時に共同根抵当である旨の登記を行うことであることから、既存の根抵当権に加えて、同一の債権を担保するために他の不動産について根抵当権の設定を受ける際に、共同根抵当である旨の登記を行えば、既存根抵当権の追加的共同根抵当とすることができる（民法398条の16）。

2）不適切である。設定登記の際に共同担保とする旨を登記したときに累積式ではない純粋な共同根抵当となる（民法398条の16）。なお、複数の不動産に根抵当権を設定しても、設定と同時に同一の債権の担保として各々の不動産に根抵当権が設定された旨を登記していない場合、純粋な共同根抵当権の要件を満たさず、単に累積式根抵当が成立することとなる（同法398条の18）。

3）不適切である。同時配当だけではなく、異時配当も認められる（民法398条の16、392条1項・2項）。担保権者は、その債権額、売却見込額、後順位者の存否等も勘案して、競売不動産を選択することになる。

4）適切である（民法398条の17第2項）。また、累積式ではない共同根抵当権

の設定された不動産のうち、1個の不動産について極度額の減額請求があったときや、根抵当権の消滅請求があったときも、すべての不動産についてその効力が生じることとなる（同法398条の21第2項、398条の22第2項）。

__正解__　　4)

2－18　担保不動産の取得

《問》担保不動産の取得に関する次の記述のうち、最も不適切なものはどれか。

1）更地の状態である土地に抵当権を設定した後に、土地所有者が抵当土地上に建物を建てた場合には、当該土地の抵当権者は、その土地上の建物に抵当権を設定していない場合でも、原則として、抵当土地とともに地上建物を競売することができるが、優先弁済を受けることができるのは、土地の代価についてのみである。

2）土地のみを担保にとる場合、その土地の上に、土地所有者の建物があれば法定地上権の負担付きの土地を担保にとったことになり、借地権者の登記のある建物があれば対抗力のある借地権の負担付きの土地を担保にとったことになる。

3）法定地上権の負担付きの土地は、当該土地とともに建物を競売することができず、競売後も法定地上権は存続するので、土地の評価額は更地価額よりも大幅に低下する。

4）更地の状態で土地を担保にとった後に、土地抵当権者に対して対抗できる借地権者が抵当土地上に建物を建てた場合、土地抵当権者は、建物を担保にとっていなくても、抵当土地とともに地上建物を競売することができる。

・解説と解答・

1）適切である（民法389条1項）。なお、抵当権を設定していない地上建物にまで抵当権の効力が及ぶわけではないので、建物の代価は建物の所有者に支払われる。

2）適切である（民法388条、借地借家法10条1項）。

3）適切である。なお、そのような土地は、競売の買受人が直ちに利用できないので、売却が困難である。したがって、土地だけを担保にとる場合には、土地上に建物があるか、だれが所有しているか、第三者の所有であれば、登記があるか、またその土地利用権はどのような権利かなどを確認しておく必要がある。

4）不適切である。借地権者が土地抵当権者に対抗できる場合は、一括競売の適用は認められていない（民法389条2項）。

正解　4）

2 − 19 上場株式の担保取得

《問》上場株式の担保取得に関する次の記述のうち、最も不適切なものは
どれか。

1) 上場株式の担保取得において、第三者対抗要件を備えるためには、
質権の場合、担保提供者（債務者または物上保証人）から有価証券
担保差入書の差入れを受けて、振替制度の担保提供者の口座から担
保権者の口座へ担保とする株式の振替手続をすることが必要である
が、譲渡担保の場合、株式の振替手続は必要ない。

2) 振替株式を担保取得する際の手続としては、担保提供者から株式担
保差入書の差入れを受け、担保として取得する株式について、担保
提供者が自己の口座管理機関に対し、自己の口座から担保権者の口
座への振替を申請し、振替を行う。

3) 振替株式についての担保権者の口座への増加振替は、質権では、質
権欄に記録されるのに対し、譲渡担保では、保有欄に記録される。

4) 振替株式については、基準日が定められた場合等に、振替機関から
発行会社に対し振替口座簿の記録に基づいて総株主通知が行われ、
株主名簿の名義書換はその通知によって行われる。

・解説と解答・

1) 不適切である。上場会社の発行株式（上場株式）は、原則として振替制度
対象の振替株式であり、質権・譲渡担保のどちらであっても、株式担保の
効力要件および発行会社以外の第三者に対する対抗要件は、設定者の振替
口座から担保権者の口座へ担保とする株式を振り替えることである。

2) 適切である。振替株式の移転を発生させるための振替の申請は、自己の口
座に減少の記載・記録のされる加入者（社債等の振替を行うための口座を
開設した者（社債等振替法2条3項））が、加入者の口座を開設する口座
管理機関に対して単独で行うものである（同法132条2項）。そのため、担
保権者である金融機関は、あらかじめ振替機関または口座管理機関に自己
の振替口座を開設し、その口座に関する情報を担保提供者（加入者）に伝
えておく必要がある。なお、振替株式以外の上場株式を担保取得する際の
手続は、質権設定と譲渡担保のいずれの場合も、株主名簿への氏名等の記
載による（質権設定につき会社法147条1項、譲渡担保権設定につき同法

130条1項)。

3） 適切である（社債等振替法132条3項5号）。

4） 適切である（社債等振替法151条、152条）。総株主通知では、原則として、質権については、質権欄に記載・記録された担保提供者（質権設定者）が株主としてが通知され、担保権者（質権者）は発行会社に通知されない。そのため、当該発行会社に質権を設定したことは知られないので、略式質（発行会社には対抗することができない質権）の扱いとなる（同法151条2項2号）。登録質とするためには、質権者が直上位機関（加入者にとってその口座が開設されている振替機関等（同法2条6項））に対し質権に関する情報を通知するように申出をすれば、その情報も通知され、株主名簿にも記録されることで、登録質（同法151条3項・4項）となる。なお、譲渡担保については、保有欄に記載・記録された株主（担保権者）が株主として通知され、登録譲渡担保の扱いになる（同項1号）。質権では、質権者が直近上位機関に対し質権に関する情報を通知するように申出をすれば、その情報も通知され、株主名簿にも記録され、登録質になる（同条3項・4項）。譲渡担保では、また、保有欄の加入者（譲渡担保権者）が直近上位機関に担保提供者を株主として通知するように申出をすれば、担保提供者が株主として通知され、株主名簿に記録され、略式譲渡担保の扱いとなる（同条2項1号括弧書）。

正解　　1）

2−20　商業手形担保

《問》 X銀行が、取引先であるCから「振出人A、第1裏書人B、第2裏書人C」である約束手形を貸付金の担保として取得した場合に関する次の記述のうち、最も不適切なものはどれか。

1）国税債権との関係において、譲渡担保とした手形は、他の財産に滞納処分を執行してもなお徴収すべき国税に不足すると認められない限り国税の滞納処分は行われないが、質権設定とした手形では、他の財産と同時に滞納処分を受けるおそれがある。

2）担保手形の取立代り金を別段預金に留保する取扱いをした場合には、この別段預金は、法律的には、取引先が支払請求権を有する預金債権である。

3）X銀行がCから担保取得した約束手形の受取人欄が白地であった場合において、X銀行がこの手形を受取人白地のまま支払呈示して不渡になった場合、裏書人BおよびCに対する遡求権が生じない。

4）X銀行がCから担保取得した約束手形の受取人欄が白地であった場合、Cに対しては貸付金債権によって請求することができる。

・解説と解答・

1）適切である。譲渡担保とした手形については、国税を滞納した納税者の財産に滞納処分を執行してもなお徴収すべき国税に不足すると認められるときに限り、国税滞納処分の対象とされるが（国税徴収法24条1項）、質権についてはそのような規定はない。質入裏書によって質権設定がなされた場合には、質権設定が国税の法定納期限以前の場合のみ、質権設定が優先することとなる（同法15条1項）。

2）不適切である。商業手形は一般に譲渡担保の方法で担保にとるので、担保手形の取立代り金は金融機関に信託譲渡された手形が変形したものである。したがって、別段預金は、金融機関が貸付金の返済に充当するまで一時的に保管するために設けた内部的な整理勘定であり、法律的には取引先が支払請求権を有する預金債権という性格はない（東京高判昭37.9.20金法320号2頁）。なお、貸付金完済後に別段預金に残金があれば、清算金として取引先に返還する。

3）適切である。手形要件である受取人を白地のまま支払呈示をしても、法律

的には支払呈示の効力はないため、BおよびCに対する遡求権は保全され
ない。なお、Aに対しては、受取人を補充して再呈示すれば、支払請求権
を行使することができ、Cに対しては、貸付金債権によって請求すること
ができる。しかし、AやCには支払能力がなく、Bには支払能力がある場
合、Bに対する遡求権を失うことは、債権回収上重大な不都合である。

4）適切である。上記3）の解説参照。

正解　2)

2 −21 動産担保

《問》金融機関が法人取引先の在庫商品に担保の設定を受ける場合に関する次の記述のうち、最も不適切なものはどれか。
1）集合動産に質権を設定する場合、質権設定者は占有改定の方法により引渡しを受けることができる。
2）集合動産に質権を設定する場合、質権者は、継続して当該目的物を占有しなければ、質権を第三者に対抗することができない。
3）集合動産に譲渡担保権を設定する場合、譲渡担保権設定者は占有改定の方法により引渡しを受けることができる。
4）集合動産に譲渡担保権を設定する場合、動産・債権譲渡特例法に基づいて、その登記制度を利用することにより第三者対抗要件を具備することができる。

・解説と解答・

1）不適切である。動産に対する質権の設定は、債権者に目的物を引き渡すことによって効力を生じるが（民法344条）、質権設定者による代理占有は禁止されており（同法345条）、占有改定の方法によることはできない。

2）適切である（民法352条）。したがって、工場の機械など担保設定者が日々の事業活動等で利用する動産を担保に取る手段として、質権の設定は好ましくないといえる。

3）適切である。このことが、質権に比べて、譲渡担保権を設定する場合の大きなメリットである。

4）適切である（動産・債権譲渡特例法3条1項、7条2項5号、動産・債権譲渡登記規則8条1項）。動産の譲渡担保の登記がなされたときは、その動産の引渡し（民法178条）があったものとみなされ、第三者対抗要件を具備することができる。また、登記により公示性が高まることから、譲渡担保のリスクに対する安全性が増し、経済活用においても活用しやすくなるというメリットがある。

正解　　1）

2－22 債権に対する質権の設定

《問》X銀行が取引先Aに対する貸付債権の担保として、AのBに対する
売掛金債権に質権を設定する場合に関する次の記述のうち、最も不
適切なものはどれか。なお、当該売掛金債権には、譲渡制限の意思
表示（譲渡制限特約）は付されていないものとする。

1) X銀行が、AのBに対する売掛金債権を目的とする質権の設定をB
に対抗するためには、AからのBに対する通知またはBの承諾があ
ることが必要である。

2) X銀行が、AのBに対する売掛金債権を目的とする質権の設定を、
B以外の第三者に対抗するためには、確定日付のある証書によるA
からのBに対する通知またはBの承諾があることが必要である。

3) X銀行がAのBに対する売掛金債権を目的とする質権の設定を受け、
Bが承諾した場合、X銀行のAに対する貸付債権と、AのBに対する
売掛金債権の弁済期がともに到来したときであっても、X銀行は、当
該売掛金債権をBから直接取り立てることができない。

4) AのBに対する売掛金債権について保証人が付されている場合、X
銀行が当該売掛金債権を目的とする質権の設定を受けたときは、そ
の質権の効力は、Aの有する保証債権にも及ぶ。

・解説と解答・

1) 適切である。債権に対する質権の設定について、質権者が第三債務者に対
抗するためには、質権設定者からの第三債務者に対する通知または第三債
務者の承諾があることが必要である（民法364条、467条1項）。

2) 適切である。債権に対する質権の設定について、質権者が第三債務者以外
の第三者に対抗するためには、確定日付のある証書による質権設定者から
の第三債務者に対する通知または第三債務者の承諾があることが必要であ
る（民法364条、467条2項）。

3) 不適切である。質権者は、被担保債権の弁済期が到来し、かつ、質権の目
的である債権の弁済期が到来した場合に、自己の債権額に対応する範囲
で、その債権を直接取り立てることができる（民法366条1項・2項）。

4) 適切である。債権質の効力は、質入れされた債権の元本・利息の全部、お
よびその債権に付されている担保等に及ぶ。　　　　　　正解　3)

2－23　動産・債権譲渡特例法

《問》動産・債権譲渡特例法に基づいて、債権に質権の設定を受ける場合に関する次の記述のうち、最も不適切なものはどれか。なお、当該債権には、譲渡制限の意思表示（譲渡制限特約）は付されていないものとする。

1) 動産・債権譲渡特例法に基づく登記制度を利用することができるのは、債権を目的とする質権の設定者が法人である場合に限られている。
2) 債権に対する質権設定の登記がされた場合、目的債権の債務者が質権設定者に対する弁済による債権の消滅という抗弁事由を有しているときでも、当該債務者は、質権者に対してその抗弁を主張できない。
3) 質権設定の登記は、質権設定者が破産手続開始決定を受けた場合に、対抗要件具備についての否認の対象となることがある。
4) 質権設定の登記の対象となる債権は、金銭の支払を目的とするものでなければならない。

・解説と解答・

1) 適切である。債権の譲渡人および質権設定者は法人であることを要する（動産・債権譲渡特例法4条1項、14条1項等）。なお、譲受人および質権者は法人であるか個人であるかを問わない。
2) 不適切である。目的債権の債務者に対する対抗要件は、登記事項証明書を交付しての通知または当該債務者の承諾であり（動産・債権譲渡特例法14条1項、4条2項）、単に登記がされただけでは債務者対抗要件を具備していないことになるので、債務者は、その対抗要件具備以前に行った質権設定者に対する弁済による債権の消滅という抗弁事由を、質権者に対して主張することができる（民法468条1項）。
3) 適切である。登記は第三者対抗要件であり（動産・債権譲渡特例法14条1項、4条1項）、質権設定者が破産手続開始決定を受けた場合に、その登記が否認の対象となることがある（破産法164条1項）。
4) 適切である（動産・債権譲渡特例法14条1項、4条1項）。

正解　2)

2-24 担保関係証書と確定日付

《問》貸付債権の回収にあたり、確定日付をとらなければ担保の対象から
　　の回収が実現できなくなるおそれがあるものとして、最も適切なも
　　のはどれか。
　1）自行預金担保における預金担保差入証書
　2）商業手形担保における手形担保約定書
　3）株式担保における有価証券担保差入証書
　4）代金債権を譲渡担保の方法で担保にとった場合の代金債権の債務者
　　の承諾がある債権譲渡契約証書

・解説と解答・

　担保に関係する書類には、法律上確定日付を取る必要があるものがある。す
なわち、質権設定まはた譲渡担保の方法によって債権を担保にとる場合には、
第三債務者（目的債権の債務者）の承諾書（または第三債務者への通知書）に
確定日付を取らなければ、当該担保権は第三債務者以外の第三者に対抗する
ことができない（民法467条2項、364条）。債権譲渡登記ファイルに譲渡の登
記をすることによっても、第三債務者以外の第三者に対抗することができる
が（動産・債権譲渡特例法4条1項、14条）、第三債務者の承諾書がある場合
には、通常、利用しない。また、租税債権に対する関係で、債権以外の担保で
も、設定日を証明するために確定日付を必要とすることがある（国税徴収法15
条2項、24条8項）。

1）不適切である。自行預金を担保とする場合、預金の債務者が貸付債権の債
　権者である金融機関であるから、担保預金に対する差押えや預金者につい
　て法的整理手続開始決定があっても、金融機関は相殺という方法で回収す
　ることができるので、質権の第三者対抗要件である確定日付を必ずしもと
　る必要はない。

2）不適切である。商業手形を担保とする場合、通常、譲渡担保の方式がとら
　れ、商業手形担保約定書を徴求の上、金融機関が当該担保手形の裏書譲渡
　を受けることとなる。手形の裏書譲渡により、担保権者である金融機関は
　手形債権の権利者であると推定されることから（手形の資格授与的効力、
　手形法16条1項、77条1項1号）、担保の設定日を証明するうえでも、確
　定日付を必要としない。なお、特に第三者との関係として問題となるのは

租税債権との優劣であるが、譲渡担保権者と租税債権との関係について
は、国税徴収法24条において、譲渡担保権者の物的納税責任（滞納者の財
産に対する滞納処分によっても徴収すべき税額に不足するときに限り、譲
渡担保権者から滞納者の租税を徴収できる）が定められており、手形の譲
渡担保については、国税徴収法附則 5 条 4 項により、譲渡担保権者の物的
納税責任が課されないこととなっている。そのため、手形の譲渡担保権者
は租税債権に対しても常に優先することとなる。

3) 不適切である。株式担保には質権設定と譲渡担保の 2 通りがあり、また、
株式には、振替株式、振替株式以外の株式であり株券の発行された株式、
振替株式以外の株式であり株券不発行の株式の 3 通りが存在する。振替株
式の場合、質権設定においても譲渡担保においても、質権設定者（譲渡
人）からの振替の申請に基づき、質権者（譲渡担保権者）の口座の質権欄
（保有欄）に株式増加の記載・記録がなされることが質権設定あるいは譲
渡担保権設定の効力要件であり、対抗要件ともなることから、第三者との
優劣関係を証明するために確定日付を必要とすることはない。また、振替
株式以外の株式であり株券の発行された株式においては、質権設定におい
ても譲渡担保においても、いずれも株券の交付をその効力要件とし（会社
法146条 2 項、128条 1 項）、第三者に対する対抗要件はその株券の占有で
あることから（同法147条 2 項）、第三者との優劣関係を証明するために確
定日付を必要とすることはない。さらに、振替株式以外の株式であり株券
不発行の株式の場合、株主名簿への質権設定あるいは譲渡の記載がその会
社および第三者への対抗要件となっていることから（同条 1 項）、第三者
との優劣関係を証明するために確定日付を必要とすることはない。なお、
特に第三者との関係として問題となるのは租税債権との優劣であるが、振
替株式以外の株式における質権者あるいは譲渡担保権者と租税債権との関
係については、質権の場合、滞納租税の法定納期限以前に設定された質権
は租税債権に優先し、その法定納期限以前に質権が設定されたことの証明
には、「事実を証する書面またはその事実を証するに足りる事項を記載し
た書面」を提出すれば足りるため（国税徴収法15条 1 項、国税徴収法施行
令 4 条 1 項）、確定日付を必要とすることはない。また、譲渡担保権の場
合には、その設定日が租税債権の法定納期限に遅れる場合には、上記 2)
の解説にあるように譲渡担保権者の物的納税責任が問題となるが、法定納
期限より前に譲渡担保権が設定されている場合には、譲渡担保権が優先す
る（国税徴収法24条 8 項）。そして、その設定日と法定納期限の先後の証

明には、質権の場合と同様に、「事実を証する書面またはその事実を証するに足りる事項を記載した書面」を提出すれば足りる（国税徴収法施行令8条4項）。また、振替株式の場合は、前述のように増加の記載・記録が効力要件となっていることから、「登録することのできる質権」（国税徴収法15条2項）あるいは「権利の移転の登記（登録）がある場合」に該当するため、譲渡担保権設定の事実を証明する必要はない（同法24条8項）。

4）適切である。代金債権担保では、相殺による回収はできないので、債権譲渡を代金債権の債務者以外の第三者に対抗するために、代金債権の債務者の承諾書に確定日付をとる必要がある。

正解　4)

2－25　保証契約における情報提供義務等

《問》保証契約に関する次の記述のうち、最も不適切なものはどれか。
1）保証契約は、保証人となる者が個人であるか法人であるかを問わず、書面または電磁的記録でしなければ、その効力を生じない。
2）主たる債務者の委託を受けて保証をした保証人（委託保証人）から請求があったときは、債権者は、委託保証人に対し、遅滞なく、主たる債務の元本および利息、損害金その他その債務に従たるすべてのものについての不履行の有無、それらの残額と弁済期到来済みの額に関する情報を提供しなければならない。
3）主たる債務者は、事業のために負担する債務を主たる債務とする保証を個人に対して委託するときは、その個人保証人となる者に対して、財産および収支の状況、他の債務の有無や額、主たる債務についての他の担保の内容等に関する情報を提供しなければならない。
4）主たる債務者が期限の利益を喪失した場合、債権者は、保証人が個人であるか法人であるかを問わず、保証人に対し、当該期限の利益の喪失を知った時から2カ月以内に、その旨を通知しなければならない。

・解説と解答・

1）適切である（民法446条2項・3項）。
2）適切である（民法458条の2）。主たる債務の履行状況に関する債権者の委託保証人に対する情報提供義務は、委託保証人が個人であるか法人であるかを問わず適用される。
3）適切である（民法465条の10第1項・3項）。契約締結時の主たる債務者の委託保証人となる者に対する情報提供義務は、委託保証人となる者が法人である場合には適用されない（同条3項）。なお、主たる債務者がこの情報提供義務に違反し、債権者がそれを知りまたは知り得たときは、保証人は、当該保証契約を取り消すことができる（同条2項）。
4）不適切である。主債務者が期限の利益を喪失した場合の債権者の保証人に対する通知義務は、保証人が法人である場合には適用されない（民法458条の3第1項・3項）。　　　　　　　　　　　　　**正解　　4）**

2－26　保証契約と利益相反取引

《問》保証契約と利益相反取引に関する次の記述のうち、最も不適切なものはどれか。なお、各選択肢における会社は、すべて取締役会設置会社であるものとする。

1）A社に対するX銀行の融資につきB社が保証する場合、A社代表取締役がB社の代表取締役を兼任しているときは、当該代表取締役がB社を代表してX銀行と保証契約を締結することは利益相反取引に該当する。

2）C社の取締役Dに対するX銀行の融資につき、C社がX銀行と保証契約を締結することは利益相反取引に該当する。

3）E社の取締役Fの行為が利益相反取引に該当する場合において、E社の取締役会においてFの行為の承認決議をする場合、Fはその議決に参加することができる。

4）G社が取締役会の承認決議を経ずに利益相反取引に該当する保証契約をX銀行と締結した場合、G社は、当該保証契約が利益相反取引に該当すること、また、取締役会の承認がなかったことについてX銀行が知っていたことを主張・立証しない限り、X銀行に対して保証契約の無効を対抗することができない。

・解説と解答・

1）適切である。会社が取締役の債務を保証する場合のように、会社と第三者間の取引であっても、会社の犠牲によって取締役が利益を得る場合には、会社を代表する者が当該取締役であるか否かに関わらず、間接取引として取締役会設置会社においては取締役会の承認が必要となる（会社法356条1項、365条1項）。同様に、取締役が代表者である他社の債務を会社が保証することによって、当該他社の利益となる場合についても、間接取引としての利益相反取引に該当する（最判昭45.4.23民集24巻4号364頁、金法582号29頁）。

2）適切である（会社法356条1項3号）。

3）不適切である。利益相反取引に関わる取締役は、特別の利害関係を有する者として、取締役会の承認のための議決に参加することができない（会社法369条2項）。

4）適切である。取締役会の承認決議を経ずに締結された利益相反取引は無権
　　代理行為となり（会社法356条 2 項、民法108条）、会社は直接取引の相手
　　方に対しては、常に取引の無効主張が可能となるが、保証契約のような間
　　接取引の場合は、取引安全の見地から判例は相対的無効説を採っている
　　（最判昭43.12.25民集22巻13号3511頁、金法533号23頁）。すなわち、当該
　　保証契約が利益相反取引に該当すること、それについて取締役会の承認が
　　なかったことの 2 点を相手方が知っていたことを会社が主張・立証しない
　　限り、相手方に保証契約の無効を主張することができないとされている。

<u>正解　　3）</u>

2−27 連帯保証

《問》連帯保証に関する次の記述のうち、最も不適切なものはどれか。な
お、各選択肢における連帯保証契約には、民法の定めと異なる特段
の合意ないし意思表示は含まれていないものとする。
1) 連帯保証契約を締結した場合、連帯保証人は催告の抗弁および検索
の抗弁を有せず、また、複数の連帯保証人がいる場合にも、各連帯
保証人は、主たる債務の全額について保証債務を履行しなければな
らない。
2) 特定債務につき連帯保証人がいる場合、債権者が主たる債務者に対
して履行の請求を行ったときは、連帯保証人に対しても、時効の完
成猶予の効力を生ずる。
3) 特定債務につき連帯保証人がいる場合、債権者が連帯保証人に対し
て履行の請求を行ったときは、主たる債務者に対しても、時効の完
成猶予の効力を生ずる。
4) 連帯保証契約は、債権者と保証人との間の契約であるから、その保
証契約で担保される債権の債務者（主たる債務者）の意思に反する
場合でも締結することができる。

・解説と解答・

1) 適切である。連帯保証人は催告の抗弁および検索の抗弁を有せず（民法
454条）、また、分別の利益を有しない（同法456条、427条）。

2) 適切である。主たる債務者に対する履行の請求その他の事由による時効の
完成猶予および更新は、連帯保証人に対しても、その効力を生ずる（民法
457条1項）。なお、保証人は、主たる債務者が主張することができる抗弁
をもって債権者に対抗できる（同条2項）。

3) 不適切である。改正前民法では、連帯保証人について生じた事由が主たる
債務者に及ぼす効力について絶対的効力が広く認められていたが、改正法
では、履行の請求、免除および時効の完成が相対的効力に改められた。な
お、更改、相殺、混同についての絶対的効力は変更がなく、連帯保証人に
ついて生じた事由が主債務者に及ぼす効力について、連帯債務者の一人に
ついて生じた事由の効力を準用する構造は変わっていない。債権者が連帯
保証人に対して履行の請求を行っても、主たる債務者に対する時効の完成

猶予の効力は生じない（民法458条、441条）。

4）適切である。連帯保証契約は、債権者と保証人との間の契約であるから、その保証契約で担保される債権の債務者（主たる債務者）の委託がなくても締結することができ、また、債務者の意思に反する場合でも締結することができる。ただし、主たる債務者の意思に反して保証をした者は、主たる債務者が現に利益を受けている限度においてのみ求償権を有することとなる（民法462条2項）。

正解　3）

2 −28　連帯保証の性質等

《問》 X銀行のA社に対する特定の貸付債権について、A社の委託を受け
て代表取締役Bが連帯保証人となっている場合に関する次の記述の
うち、最も適切なものはどれか。なお、各選択肢における連帯保証
契約には、民法の定めと異なる特段の合意ないし意思表示は含まれ
ていないものとする。
1) BがX銀行に対して連帯保証債務を承認した場合、当該連帯保証債
務についての時効は、その時から新たに進行する。
2) BがX銀行に対して連帯保証債務を承認した場合、主たる債務であ
るA社の債務についても、時効の更新の効力を有する。
3) X銀行のA社に対する貸付債権がC銀行に譲渡された場合、特約の
有無にかかわらず、Bの連帯保証債務は消滅する。
4) X銀行がA社に対して貸付債権の利息を免除した場合でも、Bの連
帯保証債務の内容として、その免除された貸付債権の利息について
は免除されない。

・解説と解答・

1) 適切である。権利の承認による時効の更新として、時効はその時から新た
に進行を始める（民法152条 1 項）。
2) 不適切である。連帯保証人による保証債務の承認には絶対的効力は認めら
れておらず、主たる債務について時効の更新の効力は及ばない（民法458
条、441条）。
3) 不適切である。主債務者に対する債権が譲渡された場合、特約がない限
り、それに伴い連帯保証債務も移転するので（随伴性）、消滅しない。
4) 不適切である。保証人の負担が債務の目的または態様において主たる債務
より重いときは、保証人の負担は主たる債務の限度に減縮される（民法
448条 1 項）。保証債務の付従性の一側面といわれている。

正解　　　1)

2－29 個人貸金等根保証契約等（1）

《問》個人貸金等根保証契約等に関する次の記述のうち、最も適切なものはどれか。

1）個人貸金等根保証契約は、極度額および元本確定期日を定めなければ、その効力を生じない。

2）個人貸金等根保証契約において、元本確定期日については、契約締結の日から3年以内の日を定めなければならない。

3）保証人が破産手続開始の決定を受けたときは、個人貸金等根保証契約においても、それ以外の個人根保証契約においても、主たる債務の元本が確定する。

4）主たる債務者が破産手続開始の決定を受けたときは、個人貸金等根保証契約においても、それ以外の個人根保証契約においても、主たる債務の元本が確定する。

・解説と解答・

1）不適切である。個人貸金等根保証契約を含む個人根保証契約は、極度額を定めなければ効力を生じないが（民法465条の2第2項）、個人貸金等根保証契約においては、元本確定期日については定めないことも認められ、元本確定期日の定めがない場合には、元本確定期日は契約締結の日から3年を経過する日とされる（同法465条の3第2項）。

2）不適切である。個人貸金等根保証契約において、元本確定期日が契約締結の日から5年を経過する日より後の日と定められているときは、その定めは効力を生じない（民法465条の3第1項）。なお、元本確定期日の定めが無効である場合には、元本確定期日は契約締結の日から3年を経過する日とされる（同条2項）。

3）適切である。保証人が破産手続開始の決定を受けたときは、個人根保証契約の元本の確定事由として定められており（民法465条の4第1項2号）、個人貸金等根保証契約についても元本確定事由となる（同条2項柱書）。

4）不適切である。主たる債務者が破産手続開始の決定を受けたときは、個人貸金等根保証契約に特有の元本確定事由であり（民法465条の4第2項2号）、個人貸金等根保証契約以外の個人根保証契約の場合には元本は確定しない。

正解　3）

2−30 個人貸金等根保証契約等（2）

《問》個人貸金等根保証契約等に関する次の記述のうち、最も不適切なものはどれか。

1）個人貸金等根保証契約において、元本確定期日の定めがない場合には、その元本確定期日は、その契約の締結の日から3年を経過する日とされる。

2）主たる債務の範囲に事業のために負担する貸金等債務が含まれる根保証契約は、その保証人となる者が個人である場合、契約の締結に先立ち、その締結日前1ヵ月以内に作成された公正証書でその保証人となる者が保証債務履行の意思を表示していなければ、その効力を生じない。

3）主たる債務者が死亡したときは、個人貸金等根保証契約においても、それ以外の個人根保証契約においても、主たる債務の元本が確定する。

4）債権者が、主たる債務者の財産について、金銭債権についての強制執行または担保権の実行を申し立てた場合で、手続の開始があったときは、個人貸金等根保証契約においても、それ以外の個人根保証契約においても、主たる債務の元本が確定する。

・解説と解答・

1）適切である（民法465条の3第2項）。

2）適切である（民法465条の6第1項）。

3）適切である。主たる債務者または保証人が死亡したときは、個人根保証契約の元本の確定事由として定められており（民法465条の4第1項3号）、個人貸金等根保証契約についても元本確定事由となる（同条2項柱書）。

4）不適切である。個人貸金等根保証契約においては債権者が、主たる債務者の財産について、金銭債権についての強制執行または担保権の実行を申し立てた場合で、手続の開始があったとき主たる債務の元本が確定するが（民法465条の4第2項1号）、それ以外の個人根保証契約においては主たる債務の元本は確定しない。なお、債権者が、保証人の財産について、金銭債権についての強制執行または担保権の実行を申し立てたときは、個人貸金等根保証契約においても、それ以外の個人根保証契約においても、主たる債務の元本が確定する（同条1項1号）。

<u>正解　4）</u>

2－31　保証契約と求償権（1）

《問》保証人の求償権に関する次の記述のうち、最も不適切なものはどれか。
1）委託を受けた保証人が債権者に弁済をしたことにつき主たる債務者に通知することを怠ったため、その主たる債務者が善意で債務の消滅行為をしたときは、その主たる債務者は、当該債務消滅行為を有効であったとみなすことができる。
2）委託を受けた保証人は、主たる債務者が破産手続開始の決定を受け、かつ、債権者がその破産財団の配当に加入しないときは、主たる債務者に対して、あらかじめ求償権を行使することができる。
3）保証人が主たる債務者に代わって弁済したときに取得する求償権の範囲は、委託を受けた保証人であっても、委託を受けていない保証人であっても、同一である。
4）委託を受けた保証人が、主たる債務者にあらかじめ通知をしないで、主たる債務者に代わって弁済した場合、主たる債務者は、債権者に対抗できる事由を有していたときは、その事由をもって保証人に対抗することができる。

・解説と解答・

1）適切である（民法463条3項）。このほか、委託を受けていない保証人（ただし、主たる債務者の意思に反しない保証人）が債権者に弁済を行ったものの、その旨を主たる債務者に通知することを怠った場合に、主たる債務者が善意で債務の消滅行為をしたときも、主たる債務者は、自身の債務消滅行為を有効であったとみなすことができる（同項）。
2）適切である（民法460条1号）。
3）不適切である。委託を受けた保証人と委託を受けていない保証人とでは、求償権の範囲が異なる。具体的には、委託を受けた保証人は、債務を消滅させるために支出した財産の額の求償権を取得し（同法459条1項）、委託を受けていない保証人であって、主たる債務者の意思に反しない場合は、保証人が弁済した当時に主たる債務者が利益を受けた限度で求償権を取得する（同法462条1項、459条の2第1項）。また、委託を受けていない保証人であって、主たる債務者の意思に反する場合は、主たる債務者が求償

権行使時に現に利益を受けている限度で求償権を取得する（同法462条2項）。

4）適切である。この場合において、主たる債務者が相殺をもって保証人に対抗したとき、すなわち主たる債務者が債権者に対して相殺することができる債権を有していた場合に、委託を受けた保証人があらかじめ主たる債務者に通知しないで弁済すると、主たる債務者はその債権者に対する債権をもって保証人の求償権と相殺することができ、その結果、主たる債務者の債権者に対する債権は保証人に移転し、当該保証人は債権者に対し、相殺によって消滅すべきであった債務の履行を請求することができることになる（民法463条1項）。

正解　　3）

2－32　保証契約と求償権（2）

《問》保証人の求償権に関する次の記述のうち、最も不適切なものはどれか。

1）委託を受けた保証人であっても、委託を受けない保証人であっても、所定の場合には、主たる債務者に対してあらかじめ求償権を行使することができる。

2）委託を受けた保証人が、主たる債務者に代わって弁済等の債務消滅行為をしたときは、そのために支出した財産の額、ただし、その財産の額が消滅した主たる債務の額を超える場合は、その消滅した額の求償権を取得する。

3）主たる債務者が債権者に弁済をしたことにつき委託を受けた保証人に通知することを怠ったため、その保証人が善意で債務の消滅行為をしたときは、その保証人は、当該債務消滅行為を有効であったとみなすことができる。

4）委託を受けた保証人が、主たる債務の弁済期前に債務の消滅行為をしたときは、その保証人は、主たる債務者に対し、主たる債務者がその当時利益を受けた限度において求償権を取得する。

・解説と解答・

1）不適切である。事前求償権は、委託を受けた保証人にのみ認められる（民法460条）。

2）適切である（民法459条1項）。

3）適切である（民法463条2項）。

4）適切である（民法459条の2第1項）。

<u>正解　　1）</u>

2-33　信用保証協会保証付融資（1）

《問》信用保証協会保証付融資に関する次の記述のうち、最も不適切なものはどれか。

1）金融機関は、信用保証協会保証付融資の債務者が期限の利益を喪失したときは、信用保証協会に対し、直ちに保証債務の履行を求めることができる。

2）金融機関が信用保証書の条件欄記載の条件どおりに融資を実行しなかった場合、保証条件違反として、信用保証協会が保証免責となることもある。

3）債務者である法人の代表者が変更となった場合、金融機関は事前に保証条件変更依頼書による信用保証協会の承諾を要することはなく、書面による変更の通知をすれば足りる。

4）金融機関は、最終履行期限（期限の利益喪失日を含む）後2年を経過した後は、信用保証協会に対し、保証債務の履行を請求することができない。

・解説と解答・

1）不適切である。被保証債権の債務者が最終履行期限（期限の利益の喪失日を含む）後90日（この日数は各信用保証協会により異なる）を経てなお、その債務の全部または一部を履行しなかったときは、信用保証協会は金融機関の請求により保証債務の履行をするものとされている（信用保証協会保証契約の約定書例6条1項本文）。

2）適切である（信用保証協会保証契約の約定書例11条2号）。

3）適切である。原則として、保証契約の変更は、信用保証協会が金融機関に対し変更保証書を交付することにより成立するものとされているが（信用保証協会保証契約の約定書例5条）、事務処理の迅速化・簡素化等の理由により通知のみで処理できる事項と、変更保証契約を要する事項とがある。変更保証契約を要する事項としては、保証契約の基本的事項である①保証金額、②保証期間、③債務者、④返済方法、⑤貸付形式、⑥保証人、⑦担保の変更が挙げられる。

4）適切である（信用保証協会保証契約の約定書例7条）。

正解　　1）

2-34 信用保証協会保証付融資 (2)

《問》信用保証協会保証付融資に関する次の記述のうち、最も不適切なものはどれか。

1) 信用保証協会は、原則として、主たる債務者の経営者本人以外の第三者を、連帯保証人として徴求しないこととしている。

2) 金融機関は、信用保証協会から保証債務の履行を受けたときは、被保証債権に関する証書を信用保証協会に交付する必要がある。

3) 信用保証協会の承諾なしに、金融機関が保証付融資金の一部を主たる債務者の不渡手形の買戻資金やつなぎ資金の返済に充当した場合は、信用保証制度の趣旨や目的に照らして保証債務の全部について免責を認める相当な理由がない限り、その違反額の限度で信用保証協会は免責される。

4) 信用保証協会の金融機関に対する保証債務履行の範囲は、民法の規定と同様に、主たる債務の残元本、利息・損害金のほか、主たる債務に従たるすべてのものに及ぶ。

・解説と解答・

1) 適切である（平18.3.31中小企業庁「信用保証協会における第三者保証人徴求の原則禁止について」）。

2) 適切である（信用保証協会保証契約の約定書例10条）。

3) 適切である。信用保証協会の承諾なしに、金融機関が保証付融資金の一部を当該金融機関の既存の債務の償還に充てた場合（いわゆる旧債振替）は、その限度で信用保証協会は免責される（信用保証協会保証契約の約定書例11条1号、3条、最判平9.10.31金法1502号64頁）。

4) 不適切である。信用保証協会の金融機関に対する保証債務履行の範囲は、主たる債務の残元本に、未収利息および最終履行期限（期限の利益の喪失日を含む）後120日以内の延滞利息を加えた額であり（信用保証協会保証契約の約定書例6条2項）、民法の規定（民法447条1項）より縮減されている。なお、延滞利息の算出期間は各信用保証協会により異なる。また、延滞利息については、貸付利率と同率とするとされている（信用保証協会保証契約の約定書例6条3項）。

正解　4)

2−35　経営者保証ガイドライン

《問》「経営者保証に関するガイドライン」（以下、「経営者保証ガイドライン」という）等の取扱いに関する次の記述のうち、最も適切なものはどれか。

1）破産手続等の清算型手続を開始した主債務者であっても、「経営者保証ガイドライン」の適用対象となりうる。

2）「経営者保証改革プログラム」においては、経営者保証に依存しない新たな融資慣行の確立に向けた意識改革の一環として、金融機関に対し、「経営者保証ガイドラインを浸透・定着させるための取組方針」を、経営トップを交え検討・作成するよう求めているが、その内容を対外的に公表することまでは求めていない。

3）「中小・地域金融機関向けの総合的な監督指針」においては、金融機関が経営者保証を徴求する場合、主債務者と保証人に対し、経営者保証ガイドラインに基づく説明を行い、保証人に対して説明を行った旨を確認するとともに、その確認結果等を記録することが求められているが、確認結果等の記録は書面により行わなければならないとされている。

4）「廃業時における『経営者保証に関するガイドライン』の基本的考え方」においては、廃業手続に早期に着手することが、保証人の保有資産等の減少・劣化防止につながり、回収見込額の増加に資する可能性があるとされている。

・解説と解答・

　経営者保証における合理的な保証契約のあり方等を示すとともに、主たる債務の整理局面における保証債務の整理を、公正かつ迅速に行うため、中小企業の経営者保証に関する契約時、履行時等における中小企業、経営者および金融機関による対応についての、中小企業団体および金融機関団体共通の自主的自律的な準則として、「経営者保証に関するガイドライン」（経営者保証ガイドライン）が策定および公表され、2014年2月1日に適用が開始された。

　また、2022年12月23日には、経営者保証に依存しない融資慣行の確立の加速を図る目的から、金融担当大臣が内閣総理大臣および関係大臣との連名で「個人保証に依存しない融資慣行の確立に向けた取組の推進について」を発出する

とともに、経済産業省・金融庁・財務省の連名で「経営者保証改革プログラム」が策定および公表された。同プログラムにおいては、①スタートアップ・創業、②民間融資、③信用保証付融資、④中小企業のガバナンスの４分野に重点的に取り組むとされている。このうち、②民間融資の分野におけるの取組みとして、金融庁は、「中小・地域金融機関向けの総合的な監督指針」等の改正案を公表し、金融機関に対し、金融機関が経営者保証を徴求する場合の説明義務の内容を具体化するとともに、当該説明を行った旨を保証人に確認し、その結果を書面または電子的方法で記録することを要請するとともに、経営者保証ガイドラインを融資慣行として浸透・定着させていくための取組方針等の公表や態勢整備を求めている。同改正案は、2023年４月１日より適用が開始されている。

1）適切である。経営者保証ガイドラインは、主たる債務の整理手続が、再生型と清算型のいずれであっても利用することができる（「『経営者保証に関するガイドライン』Q＆A」Q７−１）。

2）不適切である。「経営者保証改革プログラム」では、「経営者保証に依存しない新たな融資慣行の確立に向けた意識改革（取組方針の公表促進、現場への周知徹底）」として、金融機関に対し、「経営者保証ガイドラインを浸透・定着させるための取組方針」を、経営トップを交えて検討・策定するだけでなく、対外公表することまで求められている。

3）不適切である。金融機関が経営者保証を徴求する場合、主債務者と保証人に対し、経営者保証ガイドラインに基づき、①どの部分が十分ではないために保証契約が必要となるのか、②どのような改善を図れば保証契約の変更・解除の可能性が高まるかについて、個別具体の内容を説明し、保証人に対して、説明を行った旨を確認するとともに、その確認結果等を記録することが求められているが、保証人に対する確認結果等は、書面による記録だけでなく、電子的方法による記録も可能とされている（「中小・地域金融機関向けの総合的な監督指針」Ⅱ−3−2−1−2（2）①等）。なお、金融庁は、金融機関に対し、2023年９月期実績報告分より、保証人に対する確認結果等の記録件数を報告することを求めており、「無保証融資件数」＋「有保証融資で、適切な説明を行い、記録した件数」＝100％を目指すとしている。

4）不適切である。「経済財政運営と改革の基本方針2023」および「新しい資本主義のグランドデザイン及び実行計画2023改訂版」（いずれも令和５年６月16日閣議決定）において、企業経営者への早期相談の重要性について

周知徹底を行うこととされたことを受け、「廃業時における『経営者保証に関するガイドライン』の基本的考え方」が改訂され、廃業手続に早期に着手することが、保証人の残存資産の増加に資する可能性が明確化された。企業経営者に退出希望がある場合の早期相談の重要性が、主たる債務者、保証人、対象債権者および保証債務の整理に携わる支援専門家に一層浸透することで、退出希望がある場合の早期相談が促され、円滑な保証債務整理の一助となることが期待されている。

<u>正解</u>　　1)

第3章

管理・回収

3-1 事業譲渡（1）

> 《問》X銀行が貸付債権を有しているA社が事業を停止し、B社がその大部分の事業を譲り受けた場合に関する次の記述のうち、最も適切なものはどれか。ただし、当該事業譲渡は、株式譲渡、株式交換・移転、会社分割、合併に伴うものではなく、当該事業譲渡後も、A社、B社はともに存続するものとする。
>
> 1）B社に対するA社の事業譲渡が会社法上の「事業の重要な一部の譲渡」に当たる場合には、当該事業譲渡についてA社の株主総会決議が必要であるが、その決議について特別決議をすることまでは求められていない。
> 2）事業譲渡によりA社の債権債務は包括的にB社に移転するので、A社がX銀行に対して負っている借入金債務については、個別の移転手続を行う必要はない。
> 3）A社がB社に対する事業譲渡を行うにあたって、X銀行は、当該事業譲渡手続について、会社法に定める異議を述べることができる。
> 4）B社がA社の商号を引き続き使用していた場合であっても、事業を譲り受けた後、遅滞なく、A社の債務を弁済する責任を負わない旨の所定の登記をした場合には、当該事業譲渡が詐害行為に該当しない限り、B社はA社のX銀行に対する借入金債務の弁済義務を負わない。

・解説と解答・

1）不適切である。会社法上の「事業の重要な一部の譲渡」を行う場合、A社は株主総会の特別決議を行う必要がある（会社法309条2項11号、467条1項2号）。
2）不適切である。事業譲渡の場合は、債権債務を譲受会社に移転するためには個別の移転手続が必要である。
3）不適切である。事業譲渡の場合は、債権者に対する催告や債権者による異議等の債権者保護手続（会社法799条等）は設けられていない。
4）適切である。商号を続用した場合でも、事業を譲り受けた後、遅滞なく、譲受会社がその本店の所在地において譲渡会社の債務を弁済する責任を負わない旨を登記した場合には、譲受会社は当該債務の弁済の責任を負わない（会社法22条2項）。　　　　　　　　　　　　　　　<u>正解　4）</u>

3－2 事業譲渡 (2)

《問》X銀行が貸付債権を有しているA社が事業を停止し、B社がその大部分の事業を譲り受けた場合に関する次の記述のうち、最も不適切なものはどれか。

1) 社会通念上、B社がA社の営業によって生じた債務を引き受ける旨を広告したと認められる場合、広告の中に「債務引受」の文字を用いなくても、B社はA社のX銀行に対する借入金債務の弁済義務を負う。
2) A社がB社に承継されない借入金債務の債権者であるX銀行を害することを知って事業譲渡を行った場合には、当該事業譲渡が効力を生じた時にB社がその詐害の事実を知っていたかどうかにかかわらず、X銀行は、B社に対して、承継した財産の価額を限度としてA社の借入金債務の履行を請求することができる。
3) 事業譲渡の対価を譲受会社B社の株式とする場合、原則として、裁判所の選任する検査役の調査が必要となる。
4) 事業の譲受会社B社が事業譲渡をしようとするA社の100％親会社である場合には、A社での株主総会の決議は不要である。

・解説と解答・

1) 適切である。その広告の中に必ずしも債務引受の文字を用いなくても、社会通念上、譲受人が譲渡人の営業によって事業によって生じた債務を引き受けたものと債権者が一般に信ずるような広告であると認められる場合は、譲受会社は、譲渡会社の債権者に対する弁済義務を負う（最判昭29.10.7民集8巻10号1795頁）。
2) 不適切である。譲受会社に承継されない債務の債権者（残存債権者）から譲受会社に対して譲渡会社の債務の履行を請求できるのは、事業の譲渡の効力が生じた時において、譲受会社が残存債権者を害することを知っていたときに限られる（会社法23条の2第1項ただし書）。
3) 適切である。事業譲渡の対価は通常金銭であるが、金銭以外の財産を対価とする現物出資も認められている。現物出資の場合、原則として裁判所の選任する検査役の調査が必要となる（会社法33条、207条）。
4) 適切である（会社法468条1項）。事業譲渡では、譲受会社が譲渡会社の特

別支配会社（譲渡会社の総株主の議決権の90％以上を保有する会社をいう）である場合は、譲渡会社の株主総会の決議は不要とされている。これを略式事業譲渡という。

正解　2)

3－3　第二会社設立と詐害行為

《問》X銀行の取引先A社が、第二会社を設立して主要な資産を譲渡する
　　こととし、A社に債務のみを残して、A社資産の大部分を相当な対
　　価を得ずに第二会社に譲渡した場合に関する次の記述のうち、最も
　　不適切なものはどれか。

1）当該譲渡行為に民法の詐害行為取消権が成立する場合、X銀行は第
　　二会社に対する詐害行為取消請求により、第二会社に譲渡されたA
　　社資産の返還を請求することができる。

2）当該譲渡行為に民法の詐害行為取消権が成立する場合、A社および
　　第二会社がX銀行を害することを知って当該行為をしたことをX銀
　　行が知ってから3年を経過するまでの間、詐害行為取消請求を行う
　　ことができる。

3）当該譲渡行為を詐害行為として取り消すためには、X銀行は、訴訟
　　を提起しなければならない。

4）仮に、A社が第二会社から相当な対価を取得して資産を譲渡し、そ
　　の譲渡の時に、A社が対価として取得した金銭等について隠匿等の
　　処分をする意思を有していた等の所定の要件を満たす場合には、詐
　　害行為取消請求の対象となる。

・解説と解答・

1）適切である。債権者（X銀行）は、受益者（第二会社）に対する詐害行為
　取消請求により、債務者（A社）がした行為の取消しとともに、その行為
　によって受益者に移転した財産の返還を請求することができる（民法424
　条の6第1項第1文）。

2）不適切である。詐害行為取消請求に係る訴えは、債務者（A社）が債権者
　（X銀行）を害することを知って行為をしたことを債権者が知った時から
　2年を経過するまで、または行為の時から10年を経過するまでに行われな
　ければならない（民法426条）。なお、債務者がその行為により債権者を害
　することを知っていたとしても、受益者が当該行為により債権者を害する
　ことを知らなかった場合は、詐害行為は成立しない（同法424条1項ただ
　し書）。

3）適切である。詐害行為を取り消すためには、詐害行為取消請求訴訟を提起

する必要がある（民法424条の7）。

4）適切である（民法424条の2）。相当の対価を得てした財産の処分行為で
あっても、債務者がその行為の当時対価として取得した金銭その他財産に
ついて、隠匿等の処分をする意思を有していたときは、詐害行為取消権が
認められる。

正解 2）

3−4　企業の合併

《問》企業の合併に関する次の記述のうち、最も適切なものはどれか。
1) 吸収合併に際して、消滅会社の株主に対して存続会社の株式を交付することは認められるが、金銭を交付する取扱いは認められない。
2) 合併の方法は、合併前の当事者企業のうちの1社が存続会社となり、他の当事者企業（消滅会社）の資産・負債、権利・義務のいっさいを承継する方法に限定される。
3) 合併企業が被合併企業の議決権の80％以上を保有している場合は、会社法上の略式組織再編の要件を充足し、被合併会社における株主総会の決議は不要である。
4) 合併の対価としての交付株式等の額が存続会社の純資産額の20％以下の場合は、会社法上の簡易組織再編（簡易吸収合併）の要件を充足し、存続会社における株主総会の決議は不要である。

・解説と解答・

1) 不適切である。会社法に基づく合併の対価の柔軟化により、吸収合併において、消滅会社の株主に対して存続会社の株式を交付せず、金銭その他の財産を交付する取扱いが認められている（株式会社につき会社法749条1項2号、持分会社につき同法751条1項3号）。
2) 不適切である。合併とは、同一の経営目標を達成するために複数の企業が法人格を統合することである。合併の方法には、合併前の当事者企業のうちの1社が法律上の存続会社となり、他の当事者企業（消滅会社）の資産・負債、権利・義務のいっさいを承継する吸収合併（会社法2条27号）のほか、新設会社が合併前のすべての当事者企業（消滅会社）の資産・負債、権利・義務のいっさいを承継する新設合併（同条28号）もある。
3) 不適切である。支配関係にある会社間（合併企業が被合併企業の議決権の90％以上を保有）で組織再編を行う場合、略式組織再編（会社法784条1項等）の要件を充足し、被支配会社において株主総会の決議を要しない。
4) 適切である。合併の対価としての交付株式等の額が存続会社の純資産額の20％以下の場合は、会社法上の簡易組織再編の要件を充足し、存続会社において株主総会の決議を要しない（会社法796条2項）。　　　　**正解　　4)**

3－5　取引先の合併

《問》X銀行の融資取引先であるA社とB社が、A社を存続会社として吸収合併をすることになった場合に関する次の記述のうち、最も適切なものはどれか。

1）X銀行は、当該合併によって損害を受けるおそれがあるときは、消滅会社B社の債権者として、また、存続会社A社の債権者として、それぞれの合併手続において異議を述べることができる。

2）X銀行がA社との銀行取引による債権を被担保債権としてA社所有不動産に根抵当権の設定を受けていた場合、X銀行が合併前にB社に対して有していた貸付債権は、当該根抵当権により当然に担保される。

3）X銀行がB社に対する貸付債権を被担保債権として抵当権の設定を受けている場合、A社に承継された当該債権は、当該抵当権により当然には担保されない。

4）A社とX銀行の間で、B社のX銀行に対する債務について、引受人をA社とする債務引受契約を締結する必要がある。

・解説と解答・

1）適切である。（吸収合併消滅会社につき会社法789条1項1号、吸収合併存続会社につき同法799条1項1号）。

2）不適切である。確定前の根抵当権の債務者が吸収合併の存続会社である場合、当該根抵当権は、存続会社が合併の時に負担する債務のほか、存続会社が合併後に負担する債務を担保するが、消滅会社が合併の時に負担する債務については、存続会社が合併により承継したときでも、当然には担保されない（民法398条の9第2項）。消滅会社が合併の時に負担する債務を担保させるためには、根抵当権者と存続会社が、被担保債権の範囲に当該債務を追加する変更をして登記手続をする必要がある。

3）不適切である。消滅会社の債務が合併により存続会社に包括承継されるのに伴い、抵当権や特定債務保証も主たる債務に随伴する。

4）不適切である。吸収合併の場合には、存続会社が消滅会社の一切の権利義務を当然かつ包括的に承継するので、債務引受契約を締結する必要はない。

<u>正解　1）</u>

3－6　会社分割

《問》X銀行が貸付債権を有しているA社が、会社分割を行い、X銀行との取引に係る事業部門がB社に承継されることとなった場合に関する次の記述のうち、最も不適切なものはどれか。

1）会社分割の場合には、分割契約書または分割計画書の記載に従い、分割会社から承継会社または新設会社に資産、債務その他の権利義務が承継される。

2）X銀行がA社に対する貸付債権を被担保債権として抵当権の設定を受けている場合、当該貸付に係る債務がB社に承継されたときには、当該抵当権は、随伴性によりB社に承継された債務を当然に担保することになる。

3）会社分割後にA社に対して債務の履行を請求することができなくなるX銀行が一定の期間内に異議を述べたときは、X銀行を害するおそれがないときを除き、A社は、X銀行に対し、弁済または担保を提供する等しなければならない。

4）X銀行がA社との銀行取引による債権を被担保債権としてA社所有不動産に根抵当権の設定を受けている場合、当該根抵当権の確定前に根抵当債務者であるA社が会社分割を行ったときは、当該根抵当権は当然に確定する。

・解説と解答・

1）適切である（吸収分割につき会社法758条2号等、新設分割につき同法763条1項5号等）。

2）適切である。ただし、実務上は将来の抵当権実行に備え、抵当権について不動産登記の変更登記手続等を行っておくことが望ましい。

3）適切である（吸収分割につき会社法789条1項2号・2項4号・5項、新設分割につき同法810条1項2号・2項4号・5項）。なお、債権者が所定の期間内に異議を述べなかったときは、当該会社分割について承認したものとみなされる（吸収分割につき同法789条4項、新設分割につき同法810条4項）。

4）不適切である。元本の確定前に根抵当債務者を分割会社とする会社分割がなされたときは、当該根抵当権は、分割の時に存する債務のほか、分割会

社と、新設分割設立会社または吸収分割承継会社が分割後に負担する債務を担保する（民法398条の10第2項）。

正解　　4)

3 － 7 　株式会社の組織変更

《問》株式会社の組織変更等に関する次の記述のうち、最も不適切なもの
はどれか。
1 ）完全子会社化される会社の株主に対して交付される株式の対価は、
完全親会社になる会社の株式に限られる。
2 ）株式会社の合併について債権者が異議を申し立てた場合であって
も、合併によりその債権者が不利益を被るおそれがなければ、当該
会社は、その債務を弁済するなどの措置をとることなく合併するこ
とができる。
3 ）吸収分割によって吸収分割承継株式会社が吸収分割株式会社の債務
を承継する場合、当該吸収分割承継株式会社は債権者と個別に債務
引受契約を締結する必要はない。
4 ）株式会社は、総株主の同意を得て、合名会社、合資会社または合同
会社に組織変更をすることができる。

・解説と解答・

1 ）不適切である。株式会社が他の株式会社の発行済株式の全部を取得した場
合、株式を取得したＡ社を完全親会社、株式を取得されたＢ社を完全子会
社という。Ｂ社の完全子会社化にあたり、Ａ社はＢ社の発行済株式の全部
を取得する対価をＢ社の従前の株主に交付することとなるが、対価として
はＡ社株式、社債、新株予約権、新株予約権付社債、それ以外の財産（金
銭等）が認められている（会社法768条 1 項各号）。
2 ）適切である。合併当事者会社の一方会社が多額の債務を負っているような
場合には、他方会社の債権者はその債権の回収が困難になる危険性があ
る。このような債権者に生じる不利益を回避するために、各当事者会社
は、合併の効力発生日以前に、その債権者の異議手続を終了させなければ
ならないこととされている（会社法789条、799条、810条、商業登記法80
条 3 号・ 8 号、81条 8 号）。そして、債権者から異議が申し立てられた場
合、合併をしても債権者を害するおそれがないことを当事者会社が立証し
た場合を除き、当該異議を申し立てた債権者に対して弁済し、あるいは相
当の担保を提供する等をする必要がある。
3 ）適切である。会社分割は、会社がその事業に関して有する権利・義務の全

部又は一部を、他の会社（承継会社あるいは新たに設立した会社）に承継させるものであり（会社法759条1項、764条1項）、この承継は合併の場合と同様に一般承継（包括承継）である。そのため、債務を承継する場合でも当然に承継するのであって、債権者との間で個別の契約を締結する必要はない。

4）適切である。組織変更とは、法人格の同一性を保ちながら、①株式会社が持分会社（合名会社、合資会社、合同会社のいずれか（会社法575条1項））に変わること、もしくは②持分会社が株式会社に変わることである（同法2条26号）。そして、株式会社が持分会社に組織変更する場合には、株主の地位（責任の態様、持分の譲渡性、業務執行権限等）について大幅な変更が生じることから、組織変更の効力発生日の前日までに総株主の同意が必要となる（同法776条1項）。

正解　1）

3 － 8 　債務者等の変動

《問》融資取引先等の変動に関する次の記述のうち、最も適切なものはどれか。

1 ）個人事業主である融資取引先が法人を設立して自己の営む事業を承継させた場合、銀行の当該個人取引先に対する貸付債権は、新設された法人に当然に承継される。

2 ）個人事業主である融資取引先が死亡してその事業を当該取引先の長男Ｂが承継し、相続については相続人である妻Ａとその長男Ｂ、次男Ｃが単純承認した場合、銀行は、その事業を承継したＢに対して、当然に死亡した個人事業主に対する貸付債権の全額を請求することができる。

3 ）融資取引先に係る物上保証人が死亡して、その者の子が単独で相続（単純承認）した場合、物上保証人が銀行のために設定していた抵当権は、相続開始の時に消滅する。

4 ）融資取引先に対する特定の貸付債権を主たる債務として連帯保証契約を締結していた保証人が死亡した場合、その相続人は、当該連帯保証契約に基づく保証債務を法定相続分に応じて相続する。

・解説と解答・

1 ）不適切である。個人事業主が法人成りした場合、個人の債権・債務は、当然には法人に引き継がれない。したがって、個別の権利移転・保全手続が必要となる。

2 ）不適切である。相続人は、被相続人の権利・義務を相続分の割合で承継するため（民法899条、最判昭29.4.8民集 8 巻 4 号819頁）、事業を承継したからといって事業承継者に対し債務の全額を請求できるわけではない。銀行としては、事業を承継した相続人に他の相続人との併存的債務引受をさせる、免責的債務引受をさせて他の相続人を連帯保証人とする、全相続人から債務承認書を徴求するなどの措置を講じる必要がある。

3 ）不適切である。担保提供者が死亡した場合、抵当権の設定されている物件の所有権は相続人に移転するが、抵当権自体は法的には影響を受けないので、引き続き従来の債権の担保として有効に存続する。

4 ）適切である（民法899条、最判昭29.4.8民集 8 巻 4 号819頁）。　<u>正解　　4 ）</u>

3-9　債務者の相続開始

《問》X銀行は、個人商店を経営するAと融資取引を行っていたが、Aが
死亡した。相続人は、妻B、長男C、次男Dであり、3人は単純承
認をした。X銀行のAに対する貸付債権は、A所有の土地・建物上
に設定された根抵当権によって担保されていた。CがAのX銀行に
対する貸付債務および根抵当不動産を承継することを相続人間の協
議によって決め、Cは、個人商店の経営を引き継ぎ、今後もX銀行
との借入取引を継続したいとのことである。この場合について、A
の債務の承継に関する次の記述のうち、最も適切なものを選びなさ
い。

1）Aの債務は、相続人間の協議によって承継方法が決まり、その承継
についてX銀行の承諾を必要としない。

2）Aの債務は、B、C、Dが単純承認をしたことによって、B、C、
Dの連帯債務になる。

3）Aの債務は、担保不動産を承継したCが承継し、B、Dには弁済す
る責任は生じない。

4）Aの債務は、単純承認をした相続人B、C、Dがそれぞれの法定相
続分に応じて分割承継し、相続人間に連帯関係は生じない。

・解説と解答・

1）不適切である。抵当不動産の承継は相続人間の協議だけで自由に決めるこ
とができるが、貸付債務の承継は、債権者の承諾がなければ、債権者に対
抗することができない。

2）不適切である。被相続人の貸付債務は、分割可能な金銭債務であるから、
法律上、各相続人がそれぞれの法定相続分に応じて分割承継し、相続人間
に連帯関係は生じない（民法899条、900条、最判昭29.4.8民集8巻4号
819頁）。

3）不適切である。上記1）・2）の解説参照。

4）適切である。このようなケースでは、Cが事業を承継することから、Bが
法律上承継する貸付債務については、X銀行・引受人C・Bの三者間で、
また、Dが法律上承継する貸付債務については、X銀行・引受人C・Dの
三者間で、免責的債務引受契約をすることが考えられる。なお、免責的債

務引受契約は、債権者であるＸ銀行と引受人Ｃとの契約によってもできる
が（民法472条2項）、信用保証協会等、他の保証人や物上保証人がいる場
合はそれらの承諾を要する。もっとも、Ｃに対して新たな融資を行い、そ
れによってＡの債務の弁済を受ければ、簡便な手続で同じ効果が生じる。
このほかの方法として、事業を承継するＣに他の相続人Ｂ、Ｄとの併存的
債務引受をさせる、全相続人Ｂ、Ｃ、Ｄから債務承認書を徴求するなどの
措置も考えられる。

<u>正解</u>　　4）

3－10　保証取引と相続

《問》X銀行が、Aに対する1,000万円の貸付債権につき、Bを保証人
　としていた場合に関する次の記述のうち、最も不適切なものはどれ
　か。なお、Bの相続人は、妻Cと子Dのみであり、特に記載のない
　限り法定相続分どおりに相続するものする。
　1）Bが連帯保証人である場合、Bが死亡してCおよびDが単純承認
　　　し、その死亡時の保証債務の額が800万円であったときは、相続人で
　　　あるCおよびDは、X銀行に対して、それぞれ400万円の連帯保証債
　　　務を負担する。
　2）Bが連帯保証人である場合、Bが死亡してCが相続放棄をし、その
　　　死亡時の保証債務の額が800万円であったときは、相続人であるDが
　　　単純承認をした場合、X銀行に対して、800万円全額の連帯保証債務
　　　を負担する。
　3）Bが個人貸金等根保証契約の保証人である場合、Bが死亡してCお
　　　よびDが単純承認し、その死亡時の当該保証契約の極度額が1000万
　　　円であったときは、相続人であるCおよびDは、X銀行に対して、
　　　それぞれ1,000万円の根保証債務を負担する。
　4）Bが極度額1,000万円の個人貸金等根保証契約の連帯保証人である場
　　　合において、主たる債務者であるAが死亡し、その後Bが死亡した
　　　場合、Aの死亡時の残債務額が800万円であったときは、Bの相続人
　　　であるCとDは、X銀行に対して、それぞれ400万円の連帯保証債務
　　　を負担する。

・解説と解答・

1）適切である。相続人は、相続開始の時から、被相続人の一身に専属したも
　のを除いて、被相続人の財産に属した一切の権利義務を承継するので（民
　法896条）、特定債務の保証債務も相続され、相続人が複数存するときは、
　それぞれ法定相続分の割合に応じて相続することになる（民法899条、900
　条、最判昭29.4.8民集8巻4号819頁、最判昭34.6.19民集13巻6号757頁）。
2）適切である。相続の放棄をした者は、その相続に関しては、初めから相続
　人とならなかったものとみなされるので（民法939条）、被相続人の権利も
　義務も承継せず、他の相続人のみが承継することになる。

3 ）不適切である。個人貸金等根保証契約においては、主たる債務者または保証人が死亡したときは、主たる債務の元本が確定する（民法465条の 4 第 1 項 3 号）。したがって、相続人は、相続発生時の主たる債務に係る保証債務のみを、それぞれ法定相続分の割合に応じて承継することとなる。

4 ）適切である。個人貸金等根保証契約においては、主たる債務者または保証人が死亡したときに元本が確定し（民法465条の 4 第 1 項 3 号）、債務者 A の死亡時の残債務額が800万円であった場合、 B の相続人である C 、 D はそれぞれ相続分に応じて400万円の連帯保証債務を負担することになる。

<u>正解</u>　　3)

112

3－11　個人貸金等根保証契約と相続

《問》X銀行が、A社との融資取引につき、A社代表取締役Bとの間で極度額を1,000万円とする個人貸金等根保証契約を締結していたところ、Bが死亡した場合に関する次の記述のうち、最も適切なものはどれか。なお、Bの相続人は妻C、子Dおよび子Eの3人のみで、全員が相続を単純承認し、法定相続分どおりに相続しているものとする。

1）Bの死亡時に、Bの根保証人の地位がC、DおよびEに相続され、Bの死亡後にX銀行がA社に対して500万円を融資した場合には、その500万円の貸付債権についても、C、DおよびEが法定相続分に応じて保証債務を負担することとなる。

2）Bの死亡時点で、Bの根保証に係る保証債務の額が1,000万円であった場合、C、DおよびEは、連帯してそれぞれ1,000万円の保証債務を負担することとなる。

3）Bの死亡時点で、Bの根保証に係る保証債務の額が800万円であった場合、Cは400万円、DおよびEはそれぞれ200万円の保証債務を負担することとなる。

4）Bの死亡時点で、X銀行のA社に対する融資の額が1,200万円であった場合、Cは600万円、DおよびEはそれぞれ300万円の保証債務を負担することとなる。

・解説と解答・

1）不適切である。個人貸金等根保証契約においては、保証人の死亡によって主たる債務の元本が確定することから（民法465条の4第1項3号）、Bの死亡後のA社に対する500万円の融資は、保証の対象とならない。

2）不適切である。個人貸金等根保証契約においては、保証人の死亡によって主たる債務の元本が確定し（民法465条の4第1項3号）、保証人の死亡時点における保証債務の額である1,000万円を、C、DおよびEが法定相続分に応じて分割した範囲で保証債務を負担する（同法899条、最昭判29.4.8民集8巻4号819頁、最昭判34.6.19民集13巻6号757頁）。

3）適切である。子および配偶者が相続人であるときは、配偶者の相続分は2分の1となり、子の相続分は残りの2分の1を子の人数で按分した額とな

る（民法899条、900条 1 号・ 4 号、最昭判29.4.8民集 8 巻 4 号819頁、最昭判34.6.19民集13巻 6 号757頁）。

4 ）不適切である。個人貸金等根保証契約の保証人は、主たる債務の元本、主たる債務に関する利息、違約金、損害賠償その他その債務に従たるすべてのもの、およびその保証債務についての約定された違約金または損害賠償の額について、その全部に係る極度額を限度として、その履行をする責任を負う（民法465条の 2 第 1 項）。したがって、C、DおよびEは、極度額1,000万円を限度として、法定相続分に応じて、Cは500万円、DおよびEはそれぞれ250万円の保証債務を負担することとなる。

<u>正解　　3)</u>

3−12 弁済と代位 (1)

《問》X銀行のA社に対する貸付金について、Bが連帯保証人となり、C
が自己所有不動産に抵当権を設定して担保提供している場合に関す
る次の記述のうち、最も不適切なものはどれか。なお、弁済または
代位に関する特約はないものとする。

1) 連帯保証人Bは、弁済に同意する旨のA社の承諾を受けなくても、
X銀行に弁済することができ、弁済によってX銀行に代位すること
ができる。
2) X銀行は、連帯保証人Bから弁済を受けた場合には、物上保証人C
から設定を受けた抵当権の設定登記を速やかに抹消しなければなら
ない。
3) 物上保証人Cは、弁済に同意する旨の連帯保証人Bの承諾を受けな
くても、X銀行に弁済することができ、弁済によってX銀行に代位
することができる。
4) 連帯保証人BがX銀行に対して債務の一部を代位弁済した場合、B
は、X銀行の同意を得て、その弁済をした価額に応じて、X銀行と
ともにその権利を行使することができる。

・解説と解答・

1) 適切である（民法474条2項、499条、501条）。なお、連帯保証人は、当然
に代位することになり、対抗要件としての債務者への通知または債務者の
承諾は不要である（民法500条括弧書による民法467条規定の適用除外）。
2) 不適切である。連帯保証人による代位弁済があった場合、債権者の物上保
証人に対する抵当権は当然に連帯保証人に移転し（民法499条、501条）、
債権者は代位の付記登記手続に協力する義務があることから、抹消登記手
続をしてしまうと、当該連帯保証人から損害賠償を請求されるおそれがあ
る（同法504条）。
3) 適切である。物上保証人は、弁済をするについて正当な利益を有する者に
当たることから、連帯保証人の同意を要せずに弁済することができ、当然
に債権者に代位することができる（民法499条、501条）。なお、保証人と
物上保証人との間においては、その数に応じて債権者に代位することにな
る（同法501条3項4号）。
4) 適切である（民法502条1項）。　　　　　　　　　　　　　<u>正解</u>　2)

3 −13　弁済と代位 (2)

《問》X銀行のA社に対する貸付金について、BおよびCが連帯保証人と
なり、Dが自己所有不動産に抵当権を設定して担保提供している場
合に関する次の記述のうち、最も不適切なものはどれか。なお、弁
済または代位に関する特約はないものとする。

1 ）物上保証人DがX銀行に対して債務の一部を代位弁済した場合、D
は、X銀行の同意を得て、その弁済した価額に応じてX銀行ととも
にその権利を行使できる。

2 ）連帯保証人BがX銀行に対して債務の一部を代位弁済した場合で
あっても、X銀行は、単独でその権利を行使することができる。

3 ）連帯保証人CがX銀行に対して債務の一部を代位弁済した後に、物
上保証人Dに対する抵当権の実行による競売が行われた場合、その
売却代金の配当については、X銀行とCが按分することになる。

4 ）連帯保証人CがX銀行に対して保証債務を弁済し、連帯保証人Bに
対してX銀行に代位する場合、Cは、自己の権利に基づいてBに対
して求償をすることができる範囲内に限り、その権利を行使するこ
とができる。

・ 解説と解答 ・

1 ）適切である（民法502条 1 項）。
2 ）適切である（民法502条 2 項）。
3 ）不適切である。本選択肢の場合、債権者と一部代位者との間においては、
　　債権者が優先する（民法502条 3 項）。
4 ）適切である（民法501条 2 項）。保証人の一人が他の保証人に対して債権者
　　に代位する場合には、自己の権利に基づいて当該他の保証人に対して求償
　　をすることができる範囲内に限り、権利を行使することができる。

<u>正解　　3)</u>

3−14　弁済と代位、担保保存義務

《問》X銀行のA社に対する貸付金について、BおよびCが連帯保証人となり、Dが自己所有不動産に抵当権を設定して担保提供している場合に関する次の記述のうち、最も不適切なものはどれか。なお、選択肢において特約の存在が明記されている場合を除き、その特約以外に弁済または代位に関する特約はないものとする。

1）連帯保証人Bに対してその保証債務を免除したときでも、X銀行は、連帯保証人Cに対して保証債務の全額を請求できる。

2）連帯保証人Bは、X銀行が故意または過失により担保を減少させたときは、その担保の減少につき取引上の社会通念に照らして合理的な理由があると認められるときを除き、代位にあたって担保の減少により償還を受けることができなくなる限度において、その責任を免れる。

3）X銀行が、D所有不動産について担保解除する場合は、連帯保証人BおよびCに対する担保保存義務違反に問われる可能性があるが、D所有の別の不動産に担保を差し替えることで、担保保存義務違反に問われることはない。

4）X銀行と、連帯保証人BおよびC、ならびに物上保証人Dとの間に担保保存義務免除の特約がある場合、当該特約は原則として有効であるが、債権者が当該特約の効力を主張することが信義則に反し、あるいは権利の濫用に該当するなどの場合には、その効力が認められない。

・解説と解答・

1）適切である。令和2年4月施行の民法改正により、連帯債務者の1人に対する債務の免除は、他の連帯債務者に効力が及ばないこととされたことから（民法旧437条の削除）、連帯保証人の場合も同様となる（民法458条、441条）。なお、他の連帯債務者が債務全額を履行したときは、その負担部分に応じた額について免除を受けた連帯債務者に請求することができる（同法445条、442条1項）。

2）適切である（民法504条1項）。

3）不適切である。担保保存義務は、代位権者がある場合において、債権者が

故意または過失によって担保を喪失しまたは減少させたときは、その担保の喪失または減少につき取引上の社会通念に照らして合理的な理由があると認められるときを除き、代位権者が、代位にあたって担保の喪失または減少によって償還を受けることができなくなる限度において、その責任を免れるとするものである（民法504条）。したがって、代位権者が担保の喪失・減少によって償還を受けられなくなる場合には、担保解除・担保差替えなどの形態を問わず、担保保存義務違反に問われる可能性がある。

4）適切である（最判昭48.3.1集民108号275頁、最判平7.6.23民集49巻 6 号1737頁）。

正解　3）

3－15　債務引受

《問》債務引受に関する次の記述のうち、最も不適切なものはどれか。なお、債務引受に関する特約はないものとする。
1 ）併存的債務引受は、引受人が債務者と連帯して、債務者が債権者に対して負担する債務と同一の内容の債務を負担するもので、債権者と引受人となる者の契約ですることができる。
2 ）免責的債務引受は、引受人が債務者の債権者に対して負担する債務と同一の内容の債務を負担し、債務者は自己の債務を免れるもので、債務者と引受人となる者が契約をし、債権者が引受人となる者に対して承諾することによってすることができる。
3 ）併存的債務引受の引受人は、併存的債務引受により負担した自己の債務について、その効力が生じた時に債務者が主張することができた抗弁をもって債権者に対抗することができる。
4 ）免責的債務引受の引受人は、債務者に対して求償権を取得する。

・解説と解答・

1 ）適切である（民法470条 1 項・ 2 項）。併存的債務引受は、債務者と引受人となる者の契約でできるほか（同条 3 項）、債権者と引受人となる者の契約でもできる（同条 2 項）。
2 ）適切である（民法472条 1 項・ 3 項）。免責的債務引受は、債権者と引受人となる者の契約によってすることができ、この場合、債権者が債務者にその契約をした旨を通知した時に効力を生ずるが（同条 2 項）、債務者と引受人となる者が契約をし、債権者が引受人となる者に対して承諾することでもすることができる（同条 3 項）。
3 ）適切である（民法471条 1 項）。
4 ）不適切である（民法472条の 3 ）。ただし、本条は任意法規であり、債務者と引受人との間で引受の対価の支払の合意や求償権に関する合意をすることはできる。

正解　4 ）

3 −16　相殺による回収 (1)

《問》金融機関が融資取引先に対して貸付債権を有し、当該取引先が金融機関に対して預金債権を有している場合における相殺に関する次の記述のうち、最も不適切なものはどれか。

1) 金融機関の貸付債権と取引先の預金債権とが相殺適状にある場合、金融機関は、取引先に対する意思表示により相殺をすることができる。

2) 金融機関が貸付債権を自働債権として取引先の預金債権と相殺をした場合、相殺の効力は、双方の債権が相殺適状となった時に遡って生ずる。

3) 金融機関の貸付債権が時効により消滅した場合、その消滅以前に取引先の預金債権との間で相殺適状にあったときには、金融機関は、当該貸付債権を自働債権として相殺をすることができる。

4) 取引先の債権者が取引先の預金債権全額につき差押・転付命令を得て、それが確定した場合、金融機関の貸付債権が差押・転付命令より前に取得したものであっても、金融機関は、当該貸付債権を自働債権として当該預金債権と相殺をすることができない。

・解説と解答・

1) 適切である（民法505条 1 項、506条 1 項）。

2) 適切である。相殺の意思表示は、双方の債務が互いに相殺に適するようになった時に遡ってその効力を生ずる（民法506条 2 項）。

3) 適切である（民法508条）。

4) 不適切である。預金債権に差押・転付命令がなされ、それが確定した場合でも、金融機関の貸付債権が差押・転付命令より前に取得したものであるときは、金融機関は当該預金債権を受働債権として相殺をすることができる（民法511条 1 項）。

正解　　4)

3−17　相殺による回収（2）

《問》金融機関が取引先に対して貸付債権を有し、当該取引先が金融機関に対して預金債権を有している場合における相殺に関する次の記述のうち、最も適切なものはどれか。

1）取引先が金融機関に対して悪意による不法行為に基づく損害賠償請求権を有している場合、取引先は、当該損害賠償請求権を自働債権として、金融機関の取引先に対する貸付債権と相殺をすることができない。

2）取引先の債権者が取引先の預金債権を差し押さえた場合、金融機関は、取引先に対する差押え後に新たに取得した債権が弁済期を迎えたときは、当該差押え後の取得債権を自働債権として、取引先の当該預金債権と相殺をすることができる。

3）金融機関が取引先に対して割引手形の買戻請求権を有している場合、金融機関は、あらかじめ取引先に対して当該手形の呈示または交付をしなければ、当該手形買戻請求権を自働債権として、取引先の預金債権と相殺をすることができない。

4）取引先の債権者が取引先の預金を差し押さえて取立命令を取得した場合、金融機関が差押え前に取得した貸付債権を自働債権として当該預金債権と相殺するには、取立命令を取得した差押債権者に対して相殺の意思表示をすればよい。

・解説と解答・

1）不適切である。悪意による不法行為に基づく損害賠償請求権を受働債権として相殺をすることはできないが（民法509条1号）、自働債権として相殺をすることは可能である。

2）不適切である。差押えを受けた債権の第三債務者は、差押え後に取得した債権による相殺をもって差押債権者に対抗できない（民法511条1項）。ただし、差押え後に取得した債権が差押え前の原因に基づいて生じたものであるときは、差押債権者に対抗することができる（同条2項）。

3）不適切である。手形の買戻請求権は、手形外の金融機関と取引先との間の特約に基づく債権であり、手形法上の呈示、受戻証券性に基づく呈示・交付の要件は適用されない。また、銀行取引約定書には差引計算をする場

合には手形の同時返還を要しない旨が規定されており（銀行取引約定書
（旧）ひな型 8 条 1 項）、これにより取引先の同時履行の抗弁権も放棄さ
れているので、取引先に対する手形買戻請求権の相殺にあたって手形の呈
示・交付は不要である。

4 ）適切である（最判昭39.10.27民集18巻 8 号1801頁）。相殺通知は受働債権
である預金の払戻請求権を有する者に行えばよく、取立命令を取得した差
押債権者または取引先（預金者）のいずれに対して行ってもよい。

正解　4)

3－18 商業手形による回収

《問》商業手形を正式担保にとる手続、および代金取立手形として受け入れた商業手形による債権回収に関する次の記述のうち、最も不適切なものはどれか。なお、金融機関と取引先との間の取引約定書に、「取引先が債務を履行しない場合には、金融機関は、占有している取引先の手形を取り立てまたは処分し、取引先の債務の弁済に充当することができる」旨の規定（以下、「特約条項」という）があるものとする。

1）金融機関が商業手形を譲渡担保により正式担保として取得する場合、取引先から譲渡裏書をした手形の交付を受けることにより、第三者に対抗することができる。

2）金融機関と取引先との間においては、当該特約条項も有効であり、取引先が債務不履行となった場合には、金融機関は、特約条項に基づき債権を回収することができる。

3）信用金庫等の協同組織金融機関の場合、商事留置権は成立しないので、当該特約条項に基づき債権を回収することはできない。

4）金融機関が、取引先の破産手続開始の申立てがあったことを知る前に取立委任を受け、その申立てを知った後、破産手続開始の決定前に、当該特約条項に基づき取り立てた代金取立手形の取立金引渡債務については、破産債権と相殺をすることが認められる。

・解説と解答・

1）適切である（民法520条の2、手形法77条1項1号、14条1項）。

2）適切である。上記のような特約条項（銀行取引約定書（旧）ひな型4条3項）も、当事者間では有効である。

3）不適切である。当該特約条項は、商事留置権の成否にかかわらず適用されるものであり、判例においても、取立・処分により負担する取立金引渡債務と貸付金債権を相殺することにより債務を回収するという債務者側の期待は保護されるとしている（最判昭63.10.18民集42巻8号575頁）。

4）適切である。設問と同様の特約条項がある場合に、金融機関が、取引先の破産手続開始の申立てがあったことを知る前に取立委任を受け、その申立てを知った後、破産手続開始の決定前に、特約条項に基づき取り立てた代

金取立手形の取立金引渡債務については、破産手続開始の申立てがあったことを破産債権者が知った時より前に生じた原因に基づき負担した債務に当たるものとして、破産債権と相殺をすることが認められる（破産法71条2項2号、最判昭63.10.18民集42巻8号575頁）。

正解　3)

3-19　担保権の実行（1）

《問》X銀行が、A社に対する設備資金貸付を担保するために、A社所有
　　の土地および建物に抵当権の設定を受けた場合における、当該抵当
　　権の実行に関する次の記述のうち、最も適切なものはどれか。
　1）X銀行が競売の申立てを行う場合、抵当権の存在を証する文書とし
　　　て抵当権の登記に関する登記事項証明書を提出しなければならない。
　2）X銀行が競売の申立てを行う場合、銀行の支店の行員など、弁護士
　　　資格を有していない者を代理人として申立てを行うことはできない。
　3）X銀行が競売の申立てを行う場合、当該土地および建物については
　　　個別に競売の申立てを行わなければならず、1つの競売申立てによ
　　　ることはできない。
　4）X銀行が競売の申立てを行う場合、当該土地および建物の所在地を
　　　管轄する簡易裁判所に対して申立てを行わなければならない。

●解説と解答●

1）適切である（民事執行法181条1項3号）。なお、令和5年法53号による改
　　正民事執行法（令和7年12月13日までに施行）の施行後は、担保権の登記
　　（仮登記を除く）がされた不動産についての不動産担保権の実行の申立て
　　をすれば、不動産担保権の実行が開始されることになる（改正（未施行）
　　民事執行法181条1項1号）。この場合、X銀行が競売の申立てを行うにあ
　　たり、抵当権の登記に関する登記事項証明書の提出を省略することができ
　　る。
2）不適切である。執行裁判所でする手続については、訴えまたは執行抗告に
　　係る手続を除き、弁護士以外の者でも、執行裁判所の許可を受けて代理人
　　となることができる（民事執行法13条1項、民事訴訟法54条1項）。
3）不適切である。当該土地・建物は共同抵当の関係にあるから、一括して1
　　つの申立手続によって行うことができる（民法392条）。なお、競売による
　　売却については個別売却が原則であるが、相互の利用上、不動産を他の不
　　動産と一括して同一の買受人に買い受けさせることが相当であると認めら
　　れるときは、執行裁判所はそれらの不動産を一括して売却することを定め
　　ることができる（民事執行法188条、61条）。
4）不適切である。競売の申立ては、目的物の所在地を管轄する地方裁判所に
　　対して行う必要がある（民事執行法188条、44条1項）。　　正解　1）

3－20　担保権の実行 (2)

《問》X銀行が、A社に対する貸付金の担保としてA社所有のテナントビル
に抵当権の設定を受けていた場合における、物上代位または担保不動
産収益執行等に関する次の記述のうち、最も不適切なものはどれか。

1) X銀行は、抵当権による回収の方法として、担保不動産競売の申立
て、担保不動産収益執行の申立て、物上代位による当該ビルのテナ
ントに対する賃料債権の差押えのいずれの方法も任意にとることが
可能である。
2) X銀行が、物上代位により当該ビルのテナントに対する賃料債権の
差押えを行う場合は、債権執行の手続による。
3) X銀行が、担保不動産収益執行の申立てを行った場合、担保不動産
収益執行の管理人は、賃料の取立てをはじめ、不動産の管理、収益
の収取等を行うことができる。
4) X銀行が、担保不動産収益執行の申立てを行った場合、信託会社、
銀行その他の法人は、その管理人となることができない。

解説と解答

1) 適切である（民事執行法180条、民法372条、304条）。X銀行は、いずれの
方法をとるか、任意に判断することができる。
2) 適切である。物上代位権の行使は抵当権の実行という面がある一方、差し
押えるものは賃料等の債権であるため、債権執行の手続による。民事執行
法でも、債権を目的として物上代位権を行使する場合に、債権執行手続の
規定を準用することを明らかにしている（民事執行法193条）。なお、改正
民事執行法（令和7年12月13日までに施行）の施行後は、担保権を証する
文書だけでなく、電磁的記録の提出によっても債権執行の手続が開始でき
ることとなる。
3) 適切である。執行裁判所は、担保不動産収益執行の手続開始決定と同時に
管理人を選任しなければならないが（民事執行法188条、94条1項）、管理
人は、開始決定がされた不動産について、管理ならびに収益の収取および
換価を行うことができる（民事執行法188条、95条1項）。
4) 不適切である。信託会社（信託業法3条または53条1項の免許を受けた
者）、銀行その他の法人は、担保不動産収益執行の管理人となることがで
きる（民事執行法188条、94条2項）。　　　　　　　　　　正解　4)

3 －21　担保権の実行 (3)

《問》X銀行が、A社に対する貸付金の担保としてA社所有のテナントビルに抵当権の設定を受けていた場合における、当該抵当権の実行に関する次の記述のうち、最も不適切なものはどれか。

1) X銀行の担保権が複数の債権を担保する根抵当権であった場合は、被担保債権の1つでも債務不履行になれば、抵当権を実行することができる。

2) X銀行は、抵当権に基づく物上代位による賃料債権の差押えを行うことができるが、その場合も、抵当権の実行の場合と同様、抵当権の登記のされている登記事項証明書等を提出して、債務者に支払われる前に、裁判所に申立てを行い、差押命令を取得する必要がある。

3) X銀行は、サービサー法に基づいて、A社に対する貸付金の回収業務を債権回収会社（サービサー）に委託し、抵当権の実行をさせることができる。

4) X銀行による担保不動産の競売申立てを受け、裁判所が競売開始決定を行って当該テナントビルに差押えの登記がされた場合、A社はその処分ができなくなるとともに、使用収益もできなくなる。

・解説と解答・

1) 適切である。

2) 適切である（民事執行法193条、181条1項）。

3) 適切である（サービサー法11条1項）。

4) 不適切である（民事執行法188条、46条2項）。抵当権の実行に伴う差押えでは、所有者の処分権は制限されるが、通常の使用収益は妨げられない。

正解　4)

3−22　債権等の消滅時効

《問》債権等の消滅時効に関する次の記述のうち、最も不適切なものはどれか。
1）銀行であっても、信用金庫等の協同組織金融機関であっても、その貸付債権についての消滅時効期間は、同一である。
2）銀行の貸付債権は、銀行が権利を行使することができることを知った時から5年間行使しないとき、または、権利を行使することができる時から10年間行使しないときには、時効によって消滅する。
3）銀行の貸付債権の弁済期日前に当該債権の債務者が期限の利益を喪失した場合、当該貸付債権の消滅時効は、期限の利益喪失日を起算日として進行する。
4）銀行が弁済期の到来している貸付債権の債務者に対し返還請求訴訟を提起し、勝訴が確定した場合、当該債権の消滅時効期間は、その確定の時から10年間となる。

・解説と解答・

1）適切である。従来は、令和2年4月の改正民法施行以前において債権の消滅時効期間が10年とされ（民法旧167条1項）、商法において商事消滅時効期間が5年と定められていた（商法旧522条）ため、銀行と協同組織金融機関との間で貸付債権の消滅時効期間が異なりうることとなっていたが、同日施行の民法改正に際して商法の当該規定が削除されたため、両者の消滅時効期間は同一の規定（民法166条）に服することとなった。
2）適切である。債権については、債権者が権利を行使することができることを知った時から5年間行使しないとき、または、権利を行使することができる時から10年間行使しないときには、時効によって消滅する（民法166条1項各号）。なお、金融機関の貸付債権については、金融機関が債務者を確知できないということは通常の場合は想定できず、期限が到来したときに権利行使できることは自明であるので、原則として、消滅時効期間は5年間であると考えて差し支えない。
3）不適切である。消滅時効は、債権者が権利の行使をすることができることを知った時から進行するが（民法166条1項1号）、民法の初日不算入の原則から（同法140条）、起算日はその翌日となる。
4）適切である（民法169条1項）。　　　　　　　　　　　正解　3）

3－23　時効の管理（1）

《問》債権等の時効の管理に関する次の記述のうち、最も不適切なものは
どれか。
1）銀行が貸付債権に係る連帯保証人の財産に対して差押えを行った場
合、当該連帯保証人の保証債務についての時効の完成猶予および更
新の事由とはなるが、主たる債務についての時効の完成猶予および
更新の事由にはならない。
2）銀行が貸付債権に係る物上保証人に対してその担保不動産の競売を
申し立てた場合、競売開始決定がなされてその決定正本が債務者に
送達された時に、当該貸付債権の時効の完成猶予の効力が生ずる。
3）銀行が貸付債権に係る連帯保証人に対して訴訟を提起した場合、裁
判上の請求として時効の完成猶予および更新事由に該当するので、
その効力は、主たる債務者にも及ぶ。
4）銀行が貸付債権の債務者所有の担保不動産の競売を申し立てたが、
その申立てを取り下げた場合、その取下げの翌日から6カ月を経過
するまでの間は、時効は完成しない。

・解説と解答・

1）適切である。連帯保証人に対する差押え（強制執行）は、連帯保証債務に
ついての時効の完成猶予および更新の事由となる（民法148条1項1号・
2項）。しかし、この時効の完成猶予または更新は、その事由が生じた当
事者または承継人の間においてのみ効力を生ずるとされており（民法153
条1項）、また、連帯保証人に対する時効の完成猶予および更新の効力が
主たる債務者に及ぶ旨の民法上の規定は存しないことから、連帯保証人に
対する差押え（強制執行）は、主たる債務についての時効の完成猶予およ
び更新の事由にはならない（民法458条、441条）。
2）適切である。債権者が物上保証人所有の不動産に係る担保不動産競売を申
し立てた場合、執行裁判所により競売開始決定がなされ、その決定正本が
債務者に送達された時点で、その被担保債権についての時効の完成猶予の
効力が生ずる（民法148条1項3号、154条）。
3）不適切である。裁判上の請求は、時効の完成猶予事由に当たり、確定判決
によって権利が確定したときは時効が更新されることになる（民法147条

　1 項 1 号・ 2 項）。しかし、令和 2 年 4 月施行の民法改正において、民法旧434条が削除され裁判上の請求による時効の完成猶予および更新の効力は、別段の意思表示がなされない限り相対的効力しか有しないとされたことから（同法458条、441条）、連帯保証人に対する裁判上の請求による時効の完成猶予および更新の効力は、主たる債務者に及ばない。

4 ）適切である。担保権の実行により時効の完成猶予の効力が生ずるが（民法148条 1 項 2 号）、その担保権実行の申立てが取り下げられた場合には、取下げの日の翌日から 6 カ月間は、時効の完成が猶予されることになる（同条 1 項柱書）。

<u>正解　　3）</u>

3－24　時効の管理（2）

《問》債権等の時効の管理に関する次の記述のうち、最も不適切なものはどれか。

1）債権者が債務者に対して裁判上の請求を行った場合、時効の完成猶予の効力を有し、確定判決によってその権利が確定したときは、時効はその時から新たに進行を始める。

2）債権者が債務者に対して催告を行った場合、その時から6カ月を経過するまでは時効は完成しないが、その猶予期間中に再度の催告を行った場合、さらに時効の完成を猶予させる効力を有しない。

3）債権者が債務者の財産に対して仮差押えを行った場合、時効の更新の効力を有し、時効はその時から新たに進行を始める。

4）債権者が債務者所有不動産についての担保権を実行した場合、申立ての取下げまたは手続の取消しの場合等を除き、時効はその終了までの間は完成せず、終了の時から新たに進行を始める。

・解説と解答・

1）適切である（民法147条1項1号・2項）。なお、裁判上の請求により権利が確定せずに終了した場合には、その終了の時から6カ月を経過するまでの間は、時効の完成が猶予される（同条1項柱書）。

2）適切である（民法150条）。

3）不適切である。仮差押えを行った場合は、時効の完成猶予事由に当たり、その事由が終了した時から6カ月を経過するまでの間は、時効の完成が猶予される（民法149条1号）。

4）適切である（民法148条1項2号・2項）。なお、申立ての取下げまたは手続の取消しの場合には、その終了の時から6カ月を経過するまでの間は、時効の完成が猶予される（同条1項柱書）。

正解　3）

3－25　貸付債権の消滅時効と相続

《問》X銀行は、個人事業主Aに対し融資しており、Aの妻Bは、AのX
　　銀行に対する主たる債務の連帯保証人となっている。この場合に関
　　する次の記述のうち、適切なものはいくつあるか。
① 　AのX銀行に対する主たる債務の消滅時効の完成前に、X銀行がB
　　から一部の弁済を受け、その結果として、BのX銀行に対する連帯
　　保証債務の消滅時効は完成しなかったものの、その後AのX銀行に
　　対する主たる債務の消滅時効は完成した場合、Bは主たる債務の消
　　滅時効を援用することができる。
② 　AのX銀行に対する主たる債務の消滅時効の完成後に、X銀行がB
　　から一部の弁済を受け、その後、AがX銀行に対する主たる債務の
　　消滅時効を援用した場合、Bは主たる債務の消滅時効を援用するこ
　　とができる。
③ 　Aが死亡し、その妻Bと子CおよびDが単純承認してAのX銀行に
　　対する主たる債務を相続した場合において、債権者との間で別段の
　　合意がない場合、Bは2分の1、CおよびDはそれぞれ4分の1の
　　割合により、主たる債務を相続する。

1 ）　0
2 ）　1つ
3 ）　2つ
4 ）　3つ

・解説と解答・

① 　適切である。元本の一部の弁済は残元本債務についての「承認」になり
　　（最判令2.12.15など）、Bが元本の一部を弁済したことにより、BがX銀
　　行に対し負う連帯保証債務の時効は更新される（民法152条1項）。なお、
　　「承認」は相対的効力しか生じないため、連帯保証債務の時効が「承認」
　　によって更新されたとしても、主たる債務の時効が更新されることはない
　　（同法458条、441条）。そのため、連帯保証債務の消滅時効は完成しないに
　　もかかわらず、主たる債務の消滅時効が完成するという場合が生じうる。
　　この場合、連帯保証人は主たる債務の時効の完成を援用することができる

（大判昭7.6.21民集11巻1186頁）。

② 適切である。元本の一部の弁済は残額についての「承認」となるが、主債務の時効完成後に、保証人が保証債務を承認した場合、本来であれば保証人は履行した保証債務を主債務者に求償できると考えられるが、主債務者が主債務の時効完成を援用して債務を免れた場合には求償することができなくなる。そのため、主債務が消滅した場合、保証債務は主債務に付従して消滅する債務であり、このことを考えると、保証人は主債務の時効消滅後に自己の保証債務を承認していたとしても、改めて主債務の消滅時効を援用することができる（大阪高判平5.10.4）。

③ 適切である。相続人の法定相続分は、相続人が子および配偶者である場合は、子と配偶者が各2分の1であり、子が複数いる場合は、各自の相続分は2分の1の相続分を子の人数で等分した割合となる（民法899条、900条1号・4号、最判昭29.4.8民集8巻4号819頁）。

したがって、適切なものは3つ。

正解　4）

3 －26　仮差押え

《問》 X銀行は、A社が延滞している融資金について、A社所有の不動産に対して仮差押えの登記の方法による民事保全手続を予定している。X銀行による仮差押えに関する次の記述のうち、最も不適切なものはどれか。

1 ）X銀行は、仮差押えの登記後にその不動産から融資金を回収するため、訴訟を提起して確定判決を得るなどの方法によって債務名義を取得し、強制執行を行うことができる。
2 ）X銀行による仮差押えの登記後に、A社が破産手続開始の決定を受けたとしても、破産財団を構成するA社の不動産に対する仮差押えは破産財団に対し効力は失わず、仮差押えの効力は継続する。
3 ）融資金の消滅時効は仮差押えにより完成が猶予され、その事由が終了した時から 6 カ月を経過するまでの間は、時効は完成しない。
4 ）X銀行による仮差押えの登記がなされたA社の不動産について、他の債権者の申立てによる競売手続の開始があった場合、X銀行は配当を受ける権利がある。

・解説と解答・

　仮差押えは、将来の強制執行に備え、債務者の財産を現在の権利関係のままで強制執行ができるようにしておく、民事保全手続である。仮差押えは、財産の保全のほか、消滅時効の完成を猶予させるためや強硬な態度を示して回収交渉を進展させるためにも利用する。不動産に対する仮差押えの執行方法には、仮差押えの登記と強制管理がある（民事保全法47条 1 項）。
1 ）適切である。仮差押えの登記をしても、換価手続には進まないため、その後、債務名義を取得して不動産の強制執行として強制競売の申立てをして、競売手続において不動産の売却代金によって配当を受け（民事執行法87条 1 項 1 号）、融資金を回収する必要がある。なお、他の債権者の申立てによる競売手続の開始があった場合でも、仮差押えをした債権者は配当を受ける権利がある（同項 3 号）。
2 ）不適切である。破産手続では、破産財団に属する財産に対して既にされている仮差押えは効力を失う（破産法42条 1 項・ 2 項）。したがって、仮差押えをした債権者も、破産債権者として債権の届出を行い、破産手続に参

加して配当を受ける必要がある。

3）適切である。融資金の消滅時効は、債務者の財産に対する仮差押えにより完成が猶予され（民法149条1号）、その事由が終了した時から6カ月を経過するまでの間は、時効は完成しない。

4）適切である。上記1）の解説参照。

正解　2)

3－27　債権差押え

《問》債権差押えに関する次の記述のうち、最も不適切なものはどれか。

1）強制執行をするためには、債権者の権利の存在を公証し、法律によって執行の認められた文書である債務名義が必要である。

2）債権差押命令の申立てにあたっては、差し押さえるべき債権の種類および額その他の債権を特定するに足りる事項を明らかにしなければならない。

3）金銭債権の差押債権者は、債務者に対して差押命令が送達された日から10日を経過したときに生じる取立権に基づき、第三債務者から目的債権の支払を受けることができる。

4）転付命令とは、差し押さえられた債務者の第三債務者に対する債権を支払に代えて券面額で差押債権者に移転し、請求債権の回収に充てる方法である。

・解説と解答・

1）適切である。強制執行制度のもとで執行機関に対して執行行為を開始する根拠を与える文書を債務名義という（民事執行法22条各号）。

2）適切である（民事執行規則21条各号、133条）。

3）不適切である。取立権は、債務者に対して差押命令が送達された日から1週間を経過したときに生じる（民事執行法155条1項）。

4）適切である。民事執行法には、執行裁判所は、差押債権者の申立てにより、支払に代えて券面額で差し押さえられた金銭債権を差押債権者に転付する命令（転付命令）を発することができる旨が規定されている（民事執行法159条1項）。転付命令とは、目的債権を差押債権者に移転させ、目的債権によって代物弁済を受けたような形で回収する方法である。

<u>正解　　3）</u>

3 -28　差押えと仮差押え

《問》差押命令と仮差押命令に関する次の記述のうち、最も不適切なもの
　　はどれか。
　1 ）銀行は、債務名義を有していなくても、保全の必要性の要件を満た
　　　すときは、その貸付債権の債務者の不動産について仮差押えをする
　　　ことができる。
　2 ）銀行が貸付債権の債務者の不動産に対して仮差押えをして、当該不
　　　動産に仮差押えの登記がなされた場合、仮差押えの登記後に他の債
　　　権者の申立てによる不動産競売手続の開始があったときでも、仮差
　　　押債権者である銀行は、配当を受ける権利を確保することができる。
　3 ）預金者の債権者が当該預金者の預金債権について仮差押命令を得た
　　　場合、その仮差押債権者は、当該預金の取立権を有しない。
　4 ）銀行の預金債権に対する差押命令と仮差押命令が競合した場合に
　　　は、差押命令が優先し、仮差押命令はその効力を有しない。

・解説と解答・

1 ）適切である。仮差押命令は、金銭の支払を目的とする債権について、強制
　　執行をすることができなくなるおそれがあるとき、または強制執行をする
　　のに著しい困難を生ずるおそれがあるときに発することができる（民事保
　　全法20条 1 項）。
2 ）適切である。仮差押えの登記後に他の債権者の申立てによる不動産競売手
　　続の開始があった場合、競売開始決定に係る差押えの登記前に登記された
　　仮差押債権者は、配当を受けるべき債権者として配当表に記載される（民
　　事執行法188条、87条 1 項 3 号）。ただし、仮差押債権者が配当期日までに
　　本執行に移行する要件が具備されたことを証明しなかったときは、仮差押
　　債権者が受ける配当の額に相当する金銭は供託されることになる（同法
　　188条、91条 1 項 2 号）。
3 ）適切である。金銭債権に対する差押命令の場合には、債務者に対して差押
　　命令が送達された日から 1 週間を経過したときは、差押債権者はその債権
　　を取り立てることができるが（民事執行法155条 1 項）、仮差押債権者には
　　取立権がない。
4 ）不適切である。銀行の預金債権に対する差押命令と仮差押命令が競合し、

差押えの競合に当たる場合には、銀行は、その債権の全額に相当する金銭を債務の履行地の供託所に供託しなければならない（民事保全法50条5項、民事執行法156条2項）。競合によって、仮差押命令の効力が失われることはない。

正解　　4)

3−29　預金に対する差押え

《問》預金に対する差押えに関する次の記述のうち、最も不適切なものは
どれか。

1）預金に対する差押命令は、預金者および銀行に送達されなければな
らないとされているが、差押命令の効力は、当該差押命令が銀行に
送達された時に生ずる。

2）預金債権を差し押さえた債権者は、預金者に対して差押命令が送達
された日から1週間を経過したときは、その債権を取り立てること
ができる。

3）定期預金の全額について差し押さえる差押命令が銀行に送達された
後、さらに当該定期預金の全額について差し押さえる別の差押命令
が銀行に送達された場合、銀行は、当該定期預金の全額に相当する
金銭を供託しなければならない。

4）預金に対する差押命令に陳述の催告が付されていた場合、陳述の催
告は単なる確認文書にすぎないので、銀行は、陳述の要否を任意に
判断することができる。

・解説と解答・

1）適切である。預金に対する差押命令は、債務者および第三債務者に送達さ
れなければならず（民事執行法145条3項）、当該差押命令が第三債務者に
送達された時に効力を生ずる（同条5項）。

2）適切である（民事執行法155条1項）。

3）適切である。差押えに係る金銭債権のうち、差し押さえられていない部分
を超えて発せられた差押命令等の送達を受けたときは、差押えの競合に当
たり、その場合には、第三債務者は、その債権の全額に相当する金銭を債
務の履行地の供託所に供託しなければならない（民事執行法156条2項）。

4）不適切である。差押命令に陳述の催告が付されていた場合、第三債務者
は、差押命令送達の日から2週間以内に陳述することを要し（民事執行法
147条1項）、故意または過失により、陳述をしなかったときまたは不実の
陳述をしたときは、それによって生じた損害を賠償する責任がある（同条
2項）。

正解　4）

3 − 30　強制執行と債務名義等

《問》強制執行と債務名義等に関する次の記述のうち、最も不適切なもの
はどれか。
  1) 金銭の一定額の支払を目的とする請求について公証人が作成した公
　　 正証書で、債務者が直ちに強制執行に服する旨の陳述が記載されて
　　 いるものは、債務名義となる。
  2) 銀行が私署証書である金銭消費貸借契約証書に確定日付の付与を受
　　 けた場合、当該金銭消費貸借契約証書は、債務名義となる。
  3) 強制執行を実施するためには、原則として、債務名義の正本に執行
　　 文の付与を受けることが必要である。
  4) 不動産に対する強制執行の方法には、強制競売と強制管理があり、
　　 これらの方法は併用することができる。

・解説と解答・

1) 適切である。金銭の一定額の支払等を目的とする請求について公証人が作
　　 成した公正証書で、債務者が直ちに強制執行に服する旨の陳述が記載され
　　 ているものを執行証書（強制執行認諾文言付公正証書）というが、執行証
　　 書は債務名義となる（民事執行法22条 5 号）。なお、改正民事執行法（令
　　 和 7 年12月13日までに施行）の施行後は、同様の陳述が記録されているも
　　 の（電磁的記録）も執行証書として認められることとなる（改正（未施
　　 行）民事執行法22条 5 号）。
2) 不適切である。私署証書である金銭消費貸借契約証書に確定日付の付与を
　　 受けても、当該日付において当該証書が存していたことの証明になるにす
　　 ぎず、債務名義となるものではない。
3) 適切である。強制執行は、少額訴訟に係る判決または支払督促の場合を除
　　 き、執行文の付された債務名義の正本に基づき実施される（民事執行法25
　　 条）。なお、執行文は、申立てにより、執行証書についてはその原本を保
　　 存する公証人が、それ以外の債務名義については事件記録の存する裁判所
　　 の書記官が付与するが（同法26条 1 項）、執行文の付与は、債権者が債務
　　 者に対しその債務名義により強制執行をすることができる場合に、その旨
　　 を債務名義の正本の末尾に付記する方法により行われる（同条 2 項）。
　　　 また、改正民事執行法（令和 7 年12月13日までに施行）の施行後は、執

行証書が電磁的記録をもって作成されている場合には、当該電磁的記録を債務名義として利用することもできる（改正（未施行）民事執行法26条1項）。債務名義に係る電磁的記録がファイルに記録されたものである場合、執行文の付与は、債権者が債務者に対しその債務名義により強制執行をすることができる旨を当該電磁的記録に併せて記録する方法により行われることとなる（同条2項1号）。債務名義が電磁的記録をもって作成された執行証書である場合、執行文の付与は、債権者が債務者に対しその債務名義により強制執行をすることができる旨を当該電磁的記録に併せて記録するとともに、その旨を当該債務名義に係る公正証書に記録されている事項を記載した書面であって、公証人が法務省令で定める方法により当該書面の内容が当該公正証書に記録されている事項と同一であることを証明した書面（改正（未施行）公証人法44条1項2号）の末尾に付記し、またはその旨を当該債務名義に係る電磁的記録（同項3号）に併せて記録する方法により行われることとなる（改正（未施行）民事執行法26条2項2号）。

4）適切である（民事執行法43条1項）。強制競売は、差押不動産を売却した代金により債権者の債権の弁済に充てるものであり、強制管理は、不動産の所有権は債務者に属したまま、当該不動産から生ずる収益を管理人に取り立てさせ、これを債権の弁済に充当するものである。

正解　2）

3－31　法的整理手続（1）

《問》法的整理手続に関する次の記述のうち、最も不適切なものはどれか。
1）会社更生法の適用対象は株式会社に限定されているが、民事再生法は、すべての法人または個人が適用対象となる。
2）民事再生手続には、再生債務者が業務遂行と財産の管理処分の権限を失わない形態（DIP型）と、裁判所が選任した管財人に業務遂行と財産管理を行わせる形態（管理型）とがある。
3）法人である債務者が支払不能または債務超過にあるときは、当該債務者だけではなく、債権者も、破産手続開始の申立てをすることができる。
4）債務者が破産手続開始の申立てを受けて、裁判所から弁済禁止の保全処分の決定がなされ、そのことを知っていながら債権者が当該債務者から弁済を受けた場合、債務者の行為であることを理由として、当該債権者は、保全管理人または管財人に対して弁済が有効であることを主張することができる。

・解説と解答・

1）適切である。会社更生手続は、窮境にある株式会社のみを対象とするが（会社更生法1条）、民事再生手続は、経済的に窮境にある債務者を対象としており、法人・個人を問わず、また、事業者・非事業者を問わない（民事再生法1条）。
2）適切である。民事再生手続では、原則として、再生債務者が業務遂行と財産の管理処分の権限を失わずに再生を目指すが（民事再生法38条1項）、再生債務者が法人であって、再生債務者の財産の管理処分が失当である等の場合には、裁判所の管理命令により管財人による管理が命じられることもあり（同法64条1項）、かかる場合は、再生債務者の義務の遂行ならびに財産の管理および処分をする権利は管財人に専属する（同法66条）。
3）適切である（破産法15条1項、16条1項、18条1項）。ただし、存立中の合名会社および合資会社においては、債務超過にあることを理由に破産手続開始を申し立てることは認められない（同法16条2項）。
4）不適切である。裁判所から債務者が債権者に対して弁済その他の債務消滅行為をすることを禁止する旨の保全処分が命じられ、債権者がその行為の

当時に当該保全処分がされたことを知っていた場合は、当該債権者は、破産手続の関係においては、当該保全処分に反してされた弁済その他の債務消滅行為の効力を主張することができない（破産法28条１項・６項）。

正解　　4)

3−32　法的整理手続（2）

《問》法的整理手続に関する次の記述のうち、最も不適切なものはどれか。

1）民事再生手続において、監督命令により監督委員が選任された場合、再生債務者は、当該監督命令で指定された一定の重要な行為をするにあたって、監督委員の同意を得なければならない。

2）債務者に破産手続開始の原因となる事実の生ずるおそれがある場合、債務者だけでなく債権者も、民事再生手続開始の申立てをすることができる。

3）住宅ローンに連帯保証人が付されている場合において、住宅ローン債務者について住宅資金特別条項を定めた再生計画の認可決定が確定したときでも、債権者の当該連帯保証人に対する保証債務履行請求権は、通常の再生手続と同様に、再生計画による影響を受けない。

4）破産手続開始も、民事再生手続開始も、その手続の開始決定の時から効力を生ずる。

・解説と解答・

1）適切である（民事再生法54条1項・2項）。監督委員の選任後は、監督委員の同意を得ないでした行為は無効となる（同条4項）。

2）適切である。債務者に破産手続開始の原因となる事実の生ずるおそれがあるとき、または債務者が事業の継続に著しい支障を来すことなく弁済期にある債務を弁済することができない場合には、債務者が再生手続開始の申立てをすることができるほか（民事再生法21条1項）、前者の場合には、債権者も再生手続開始の申立てをすることができる（同条2項）。

3）不適切である。住宅資金特別条項を定めた再生計画の認可決定が確定した場合、一般の再生手続と異なり、再生債権者の保証人に対する保証債務履行請求権は、再生計画による影響を受ける（民事再生法203条1項による同法177条2項の適用排除）。

4）適切である（破産につき破産法30条2項、民事再生につき民事再生法33条2項）。

正解　3）

3−33　法的整理手続（3）

《問》法的整理手続に関する次の記述のうち、最も不適切なものはどれか。

1）民事再生手続において、管理命令が発せられた場合には、再生債務者の業務の遂行ならびに財産の管理および処分をする権利は、裁判所が選任した管財人に専属する。

2）破産債権者が破産手続に参加して配当を受けるためには、債権届出期間内に、書面により、各破産債権の額および原因、破産債権者および代理人の氏名または名称および住所等、所定の事項を届け出なければならない。

3）民事再生手続開始の申立てがなされた場合、保全処分の発令の有無にかかわらず、再生債権者の個別の権利行使は、直ちに禁止される。

4）破産手続についても、民事再生手続についても、債権者は開始決定に不服がある場合、即時抗告を行うことができる。

・解説と解答・

1）適切である（民事再生法66条）。

2）適切である（破産法111条1項、破産規則1条1項、32条2項）。

3）不適切である。弁済禁止の保全処分等（民事再生法30条1項・6項）が発令されていない場合、再生債権者による個別の権利行使が禁止されるのは、再生手続開始後に限られる。なお、再生手続開始後は、再生債権については再生計画によらなければ弁済を受けることができなくなる（同法85条1項）。

4）適切である。破産手続についても、民事再生手続についても、債権者による即時抗告が認められており（破産につき破産法33条、民事再生につき民事再生法36条）、その期間は開始決定の公告の効力が生じた日から起算して2週間と定められている（破産につき破産法9条、民事再生につき民事再生法9条）。

正解　3）

3-34　法的整理手続と担保権 (1)

《問》X銀行が、取引先であるA社の所有不動産に抵当権の設定を受けて
いたところ、A社が民事再生手続開始の申立てを行い、再生手続開
始の決定がなされた場合における当該抵当権に関する次の記述のう
ち、最も不適切なものはどれか。
 1) X銀行は、抵当権の目的財産であるA社不動産について別除権を有
し、原則として、再生手続によらずに別除権を行使することができ
る。
 2) X銀行は、当該抵当権によって担保される債権のうち、当該抵当権
の実行によって弁済を受けることができない債権の部分（不足額）
については、再生債権者として権利を行使することができない。
 3) A社は、所定の要件を満たす場合には、裁判所に担保権実行手続の
中止命令を発令してもらうことにより、裁判所が定めた相当の期間
中は、X銀行の担保権の実行手続を進められないようにすることが
できる。
 4) A社は、X銀行の抵当権が設定されている不動産が事業の継続に欠
くことができないものであるときには、裁判所に対して、当該財産
の価額に相当する金銭を裁判所に納付して当該財産の上に存するす
べての担保権を消滅させることの許可を申し立てることができる。

・解説と解答・

1) 適切である。民事再生手続において、再生手続開始の時に存する抵当権は
別除権として扱われ（民事再生法53条1項）、抵当権者は、原則として、
再生手続によらないで、その抵当権の目的財産から優先的に弁済を受ける
ことができる（同条2項）。ただし、抵当権消滅許可決定がなされた場合
（同法148条以下）等は、その制約を受ける。
2) 不適切である。抵当権者は、当該抵当権によって担保される債権のうち、
当該抵当権の実行によって弁済を受けることができない債権の部分（不足
額）について、再生債権者として権利を行使することができる（民事再生
法88条）。なお、別除権の行使によって弁済を受けることができない債権
の部分が確定していない再生債権を有する者があるときは、再生計画にお
いて、その債権の部分が確定した場合における再生債権者としての権利の

行使に関する適確な措置を定めなければならないとされている（同法160
条1項）。

3）適切である。裁判所は、民事再生手続開始の申立てがあった場合、再生債
権者の一般の利益に適合し、かつ、競売申立人に不当な損害を及ぼすおそ
れがないものと認められるときは、利害関係人の申立てまたは職権によ
り、相当の期間を定めて、別除権の目的財産に存する担保権の実行手続の
中止を命ずることができる（民事再生法31条1項）。

4）適切である。再生債務者は、その財産について別除権である担保権が設定
されている場合、その財産が再生債務者の事業の継続に欠くことができな
いものであるときは、裁判所に対して当該財産の価額に相当する金銭を納
付して当該財産の上に存するすべての担保権を消滅させることについての
許可を申し立てることができる（民事再生法148条1項）。

正解　2）

3 −35　法的整理手続と担保権（2）

《問》X銀行が、A社所有不動産に抵当権の設定を受けA社との融資取引を行っていたところ、A社が業績悪化により法的整理手続の申立てを検討している場合に関する次の記述のうち、最も適切なものはどれか。

1）A社について破産手続開始の決定がなされた場合、当該抵当権は別除権として扱われるので、X銀行は、原則として、破産手続によらずに当該抵当権を実行することができる。
2）A社について会社更生手続開始の決定がなされた場合、当該抵当権は別除権として扱われるので、X銀行は、原則として、更生手続によらずに当該抵当権を実行することができる。
3）A社について民事再生手続開始の決定がなされ、A社が担保権消滅許可の申立てを裁判所に対して行った場合、X銀行は、当該申立書記載の不動産価額（申出額）が時価よりも低廉であると判断するときであっても、その記載の不動産価額（申出額）につき異議や不服を申し立てることはできない。
4）A社について破産手続開始の決定がなされた場合、破産管財人は、裁判所に対して担保権消滅許可の申立てをすることができない。

・解説と解答・

1）適切である。破産手続において、破産手続開始の時に存する抵当権は別除権として扱われ、抵当権者は、原則として、破産手続によらないで、その抵当権を実行することができる（破産法2条9項、65条1項）。ただし、抵当権消滅許可決定がなされた場合（同法186条）等は、その制約を受ける。
2）不適切である。更生手続が開始された場合においては、担保権を実行することができず（会社更生法50条1項）、担保権者の権利の実現は、更生計画において更生担保権者（同法2条10項・11項）として優先的な弁済を受けるという形で、更生手続のなかで行われることになる。
3）不適切である。担保権者は、申立書に記載された当該財産の価額（申出額）について異議があるときは、当該申立書の送達を受けた日から1カ月以内に、担保権の目的である財産について価額の決定を請求することがで

きる（民事再生法149条1項）。価額決定の請求を受けた再生裁判所は、当該請求を却下する場合を除き評価人を選任し、評価人の評価に基づき、財産の価額を定めることとなる（同法150条1項・2項）。

4）不適切である。破産手続においても、担保権消滅許可の制度が設けられており（破産法186条）、その要件を満たす場合には、破産管財人は担保権消滅許可の申立てを行うことができる。

正解　　1）

第4章

総合問題

○用語説明

・総資産と総資本

　総資産は資産の合計であり、総資本は負債と純資産の合計ですが、総資産と総資本の金額は同額です。そこで本章において総資本の金額または総資産の金額を用いて算出する指標の名称は、「総資産」に統一します。

・自己資本

　本章においては、純資産、株主資本および自己資本の金額は同額としています。したがって、自己資本が用いられている指標においては、自己資本の金額は純資産または株主資本と同額とします。

4－1　債務引受

【問】次の事例に基づいて、後掲の各問に答えなさい。
　　X銀行は、融資取引先A社に対する貸付債権を被担保債権として、A社所有不動産に抵当権の設定を受け登記を完了している。また、A社に対する当該貸付債権については、A社代表取締役Bが連帯保証人となっているほか、A社の関連会社であるC社の所有不動産に当該貸付債権を被担保債権として抵当権の設定を受け登記を完了している。今般、C社が、A社のX銀行に対する貸付債務について、債務引受をすることを検討している。

《問1》　C社の債務引受に関する次の記述のうち、適切なものをすべて選びなさい。
　1）C社が併存的債務引受をする場合、X銀行とC社との契約によってすることができ、A社の意思に反するときでも、その効力を生ずる。
　2）C社が免責的債務引受をする場合、X銀行とC社との契約によってすることができ、A社に対してその契約をした旨を通知したかどうかにかかわらず、その契約の時からその効力を生ずる。
　3）C社が免責的債務引受をする場合、A社とC社が契約をし、X銀行がC社に対してその承諾をすることによっても、その効力を生ずる。

《問2》　C社の債務引受に関する以下の文章の空欄に入る最も適切な語句等の組合せを選びなさい。
　　　C社が免責的債務引受をする場合、X銀行は、A社に対する貸付債権についてのBの連帯保証を、（　①　）、C社の引受した債務を保証するものとして移転することができる。また、C社が免責的債務引受をする場合、X銀行は、あらかじめまたは引受と同時に（　②　）、A社のX銀行に対する貸付債務の担保として設定されたC社所有不動産上の抵当権を、C社の引き受けた債務を担保するものとして移転することができる。
　1）①Bの書面による承諾を得て　②C社に対して意思表示することにより
　2）①Bの書面による承諾を得て　②C社の承諾がある場合に限り
　3）①Bに通知することにより　②C社に対して意思表示することにより
　4）①Bに通知することにより　②C社の承諾がある場合に限り

・解説と解答・

《問1》

1）適切である。併存的債務引受は、債権者と引受人となる者との契約によってすることができ、債務者の意思を問わない（民法470条2項）。なお、債務者と引受人となる者との契約によってもすることができるが、この場合には、債権者が引受人となる者に対して承諾をした時に、その効力を生ずる（同条3項）。

2）不適切である。免責的債務引受は、債権者と引受人となる者との契約によってすることができるが、この場合には、債権者が債務者に対してその契約をした旨を通知した時に、その効力を生ずる（民法472条2項）。

3）適切である。免責的債務引受は、債務者と引受人となる者が契約をし、債権者が引受人となる者に対して承諾をすることによってもすることができる（民法472条3項）。

正解　　1）・3）

《問2》

　免責的債務引受をする場合、引受人以外の者が保証人であるときは、債権者は、引受により債務者が免れる債務に付された保証債務を、保証人の書面による承諾を得ることにより、引受人の債務を保証するものとして移転することができる（民法472条の4第3項・4項）。なお、引受人が保証人であるときは、承諾を要しない（同条3項・1項ただし書）。

　また、免責的債務引受をする場合、債権者は、引受人が担保権設定者であるときは、引受により債務者が免れる債務の担保として設定された担保権を、あらかじめまたは引受と同時に引受人に対して意思表示することにより、引受人の債務を担保するものとして移転することができる（同条1項・2項）。なお、引受人以外の者が担保権設定者であるときは、その承諾を要する。

正解　　1）

4－2　取引先の合併と根抵当権

【問】次の事例に基づいて、後掲の各問に答えなさい。

　X銀行の取引先であるA社およびB社が、A社を存続会社として吸収合併をした。なお、消滅会社であるB社との融資取引については、債務者をB社、被担保債権の範囲を銀行取引として、C所有の不動産に根抵当権の設定を受けていた。

《問1》　C所有不動産上の根抵当権が確定していない場合、当該根抵当権により当然に担保されるX銀行の債権として、次のうち適切なものをすべて選びなさい。
　1）合併前のA社に対する貸付債権
　2）合併前のB社に対する貸付債権
　3）合併後のA社に対する貸付債権

《問2》　C所有不動産上の根抵当権に関する以下の文章の空欄に入る最も適切な語句等の組合せを選びなさい。
　　　A社とB社の合併に際して、Cは、合併を知った日から（　①　）を経過する前、かつ、合併の日から1カ月を経過する前であれば、担保すべき元本の確定を請求することができる。その確定の請求があった場合には、根抵当権の担保すべき元本は、（　②　）に確定したものとみなされる。
　1）①10日　　②確定請求の時
　2）①10日　　②合併の時
　3）①2週間　②確定請求の時
　4）①2週間　②合併の時

・解説と解答・

《問１》

1）不適切である。確定前の根抵当権の債務者につき吸収合併があった場合、根抵当権は、合併の時に存する債務のほか、存続会社が合併後に負担する債務を担保するが（民法398条の９第２項）、合併前のＡ社に対する貸付債権は、当然には担保されない。実務上、当該根抵当権に合併前のＡ社に対する貸付債権を担保させるためには、当該根抵当権の確定前に、合併前のＡ社に対する貸付債権を特定の債務として被担保債権の範囲に追加し登記をする必要がある（同法398条の４）。

2）適切である（民法398条の９第２項）。合併前のＢ社に対する貸付債権は担保される。上記１）の解説参照。

3）適切である（民法398条の９第２項）。合併後のＡ社に対する貸付債権は担保される。上記１）の解説参照。

正解　　2）・3）

《問２》

　元本の確定前に根抵当債務者につき合併があったときは、根抵当権設定者（当該根抵当債務者を除く）は、合併を知った日から２週間を経過する前、かつ、合併の日から１カ月を経過する前であれば、担保すべき元本の確定を請求することができる（民法398条の９第３項・５項）。その確定の請求があった場合には、根抵当権の担保すべき元本は、合併の時に確定したものとみなされる（同条４項）。

正解　　4）

154

4－3　債務者兼根抵当権設定者の死亡

【問】次の事例に基づいて、後掲の各問に答えなさい。

　X銀行は、個人事業主Aとの融資取引にあたり、その担保としてA所有不動産に根抵当権の設定を受けて登記を完了し、取引を継続していたところ、Aが死亡した。その後、Aの相続人である妻B、子CおよびDの間で遺産分割協議が整い、それに基づいて、相続人B、CおよびDから、「Aの事業をDが承継して、Aの死亡時の債務についてはすべてDが免責的に引き受けることとし、不動産についてはDが相続して今後も根抵当取引を継続することとしたい」との申入れが、X銀行に対してなされた。

《問1》事例における申入れをX銀行が受け入れる場合のX銀行または相続人が行う対応やその順序に関する次の記述のうち、適切なものをすべて選びなさい。

1）X銀行と相続人B、CおよびDが、根抵当権の設定されている不動産について遺産分割協議に基づくDへの所有権移転登記手続を行う前に、根抵当権の債務者をB、CおよびDにする旨の変更登記手続を行ったうえで、X銀行とDの間で、根抵当取引の継続およびDを指定債務者とする旨の合意契約をし、その登記手続を行う。

2）相続人B、CおよびDが、根抵当権の設定されている不動産について、遺産分割協議に基づくDへの所有権移転登記手続を行い、その後、X銀行とDの間で、根抵当取引の継続およびDを指定債務者とする旨の合意の登記手続を行う。

3）相続人B、CおよびDが、根抵当権の設定されている不動産について、遺産分割協議に基づくDへの所有権移転登記手続を行ったうえで、X銀行とB、CおよびDが、根抵当権の債務者を相続人であるB、CおよびDにする旨の変更登記手続を行い、その後、X銀行とDとの間で、BおよびCが相続した債務をDが免責的に引き受ける旨の免責的債務引受契約を締結して、X銀行がBおよびCにその旨を通知し、かつ、X銀行とDが、根抵当権の被担保債権の範囲に債務引受に係る債権を加える旨の根抵当権変更契約を締結して、その旨の登記手続を行う。

《問2》事例における根抵当権に関する以下の文章の空欄に入る最も適切
　　　な語句等の組合せを選びなさい。
　　Aの相続開始後、（　①　）以内に、根抵当権の指定債務者をDと
する旨の合意の登記をしないときは、当該根抵当権の担保すべき元
本は、（　②　）に確定したものとみなされる。
1）①6カ月　②6カ月を経過した日
2）①6カ月　②相続開始の時
3）①3カ月　②3カ月を経過した日
4）①3カ月　②相続開始の時

・解説と解答・

《問1》

1）不適切である。根抵当権の債務者の変更登記は、原則として根抵当権者と
　根抵当権設定者との共同申請による必要があり、指定債務者の合意の登記
　は、債務者の変更登記をした後でなければすることができない（不動産登
　記法92条、民法398条の7第2項）。したがって、根抵当権の債務者の変更
　登記を行う前に、遺産分割協議に基づく担保不動産の所有権移転登記手続
　を行う必要がある。

2）不適切である。被相続人が相続開始の時に負担していた債務は、法定相続
　分に従って当然に分割承継され（民法899条）、共同相続人が遺産分割協議
　などによって法定相続分以外の割合を定め、または特定の相続人に承継
　させることにしたとしても、債権者の同意を得ていなければ、債権者など
　第三者に対抗することができない（同法902条の2参照）。したがって、遺
　産分割協議に基づく担保不動産のDへの所有権移転登記手続を行ったうえ
　で、X銀行と相続人B、CおよびDが、根抵当権の債務者をB、Cおよび
　Dにする旨の変更登記手続を行い、その後、X銀行とDの間で、根抵当取
　引の継続およびDを指定債務者とする旨の合意の登記手続を行う必要があ
　る。

3）適切である。X銀行と相続人Dとの間で免責的債務引受契約を締結するこ
　とによっても、根抵当権の指定債務者をDに変更することができる。な
　お、この場合、X銀行がBおよびCにその契約をした旨を通知した時にそ
　の効力を生ずる（民法472条2項）。一方、DがBおよびCの相続した債務
　を免責的に引き受けた場合、X銀行は、その引受債務について根抵当権を

行使することができない（同法398条の7第2項）。そのため、当該根抵当権で当該引受債務に係る債権を担保させるためには、その引受債務に係る債権を特定の債権として被担保債権の範囲に加える変更登記手続を行う必要がある。

正解 3)

《問2》

　元本の確定前に根抵当権の債務者について相続が開始したときは、その相続の開始後、6カ月以内に指定債務者についての合意の登記をしないときは、根抵当権の担保すべき元本は、相続開始の時に確定したものとみなされる（民法398条の8第2項・4項）。

正解 2)

4－4　預金担保と確定日付

【問】次の事例に基づいて、後掲の各問に答えなさい。
　　Ｘ銀行は、取引先Ａ社がＹ銀行に有する1,000万円の定期預金に質権の設定を受けることを条件に、Ａ社に対して融資を行おうとしている。

《問1》事例における他行定期預金に対する質権設定に関する次の記述のうち、適切なものをすべて選びなさい。
　1）預貯金債権についての譲渡制限の意思表示（譲渡制限特約）は、それを知りまたは重大な過失により知らなかった譲受人その他の第三者に対抗することができる。
　2）Ｘ銀行が、Ｙ銀行の定期預金に質権の設定を受ける場合、Ｙ銀行の承諾を得ない限り、当該質権は原則として無効となる。
　3）預貯金債権についての譲渡制限の意思表示（譲渡制限特約）は、当該預貯金債権に対する差押債権者に対抗することができる。

《問2》事例における定期預金に対する質権設定に関する以下の文章の空欄に入る最も適切な語句等の組合せを選びなさい。
　　　Ｘ銀行は、Ｙ銀行から定期預金に対する質権設定につき書面による承諾を受け、その翌々日に当該承諾書に（　①　）で確定日付の付与を受けた。一方、Ｙ銀行が質権設定につき承諾した翌日に、Ａ社の債権者を差押債権者として、当該定期預金全額を差し押さえる旨の差押命令がＹ銀行に送達された。
　　　この場合、質権者であるＸ銀行と差押債権者とでは、（　②　）が優先する。
　1）①公証役場　　②質権者であるＸ銀行
　2）①公証役場　　②差押債権者
　3）①簡易裁判所　②質権者であるＸ銀行
　4）①簡易裁判所　②差押債権者

・解説と解答・

《問１》

１）適切である。民法では、預貯金以外の債権については、譲渡制限の意思表示（譲渡制限特約）がある場合でも、譲渡が有効とされるのに対し（民法466条２項）、債務者は、債権譲渡制限の意思表示がされたことを知り、または重大な過失により知らなかった譲受人その他の第三者に対して、債務の履行を拒絶することができ、かつ、譲渡人に対する弁済その他の債務消滅事由を対抗することができるとされる（同条３項）。一方、預貯金債権についての譲渡制限の意思表示（譲渡制限特約）は、それを知りまたは重大な過失により知らなかった譲受人その他の第三者に対抗することができるとされる（同法466条の５第１項）。預貯金債権について譲渡制限特約が付されていることは広く一般に知られていることから、預貯金債権の譲受人が当該特約につき知らなかったまたは悪意や重過失がない可能性はきわめて低く、預貯金債権への質権の設定についても債権譲渡に関する規律が適用されることから（同法364条、467条）、預貯金債権への譲渡担保権の設定や質権の設定は、金融機関の承諾を得ない限り、原則として無効となると考えられる。

２）適切である。上記１）の解説参照。

３）不適切である。預貯金債権についての譲渡制限の意思表示（譲渡制限特約）は、それを知りまたは重大な過失により知らなかった譲受人その他の第三者に対抗することができるが（民法466条の５第１項）、例外として、当該預貯金債権に対する差押債権者には対抗することができない（同条２項）。

正解　　１）・２）

《問２》

　確定日付とは、その日にその証書（文書）が存在していたことを証明するものであり、公証役場で付与される確定日付とは、公証人が私書証書に日付のある印章（確定日付印）を押捺した場合のその日付をいう。

　そして、単なる私書である通知書や承諾書に、後から確定日付を取得することによって確定日付ある証書による通知または承諾といいうることになるが、その場合、第三者に対する対抗力はその確定日付の日から生じることとなる。本問では、Ｙ銀行からの承諾書に確定日付を取得するより前に、差押命令がＹ

銀行に送達されていることから、その差押命令が送達された時点では、未だX銀行の質権取得は第三者対抗要件を取得しておらず、差押えが優先することとなる（民事執行法145条5項参照）。

正解　2)

4－5　債権譲渡担保と対抗要件（1）

【問】次の事例に基づいて、後掲の各問に答えなさい。
　X銀行は、融資取引先A社に対する貸付債権の担保として、A社が取引先B社に対し有する売掛金債権に譲渡担保権の設定を受けることとした。譲渡担保としての売掛金債権の取得にあたっては、動産・債権譲渡特例法に基づく債権譲渡登記を利用することを検討している。なお、当該売掛金債権には、譲渡制限の意思表示（譲渡制限特約）は付されていないものとする。

《問1》事例における債権譲渡登記に関する次の記述のうち、適切なものをすべて選びなさい。
　1）当該売掛金債権の譲渡につき債権譲渡登記がされたときは、X銀行は、B社以外の第三者に対して、当該債権譲渡を対抗することができる。
　2）当該売掛金債権の譲渡およびその譲渡につき債権譲渡登記がされたことについて、A社もしくはX銀行がB社に登記事項証明書を交付して通知をし、またはB社が承諾したときは、X銀行は、B社に対して当該債権譲渡を対抗することができる。
　3）当該売掛金債権がA社によりC社に二重に譲渡され、確定日付のある証書による通知によって一方の譲受人であるC社が対抗要件を備えた後に、X銀行への債権譲渡登記がされた場合、債権譲渡登記は、確定日付のある証書による通知に常に優先するので、X銀行は、C社に対して当該債権譲渡を対抗することができる。

《問2》事例における債権譲渡に関する以下の文章の空欄に入る最も適切な語句等の組合せを選びなさい。
　　債権の二重譲渡がなされた場合において、譲受人相互間の優劣は、（　①　）が具備された時点の先後によって判断される。当該売掛金債権がA社によりC社に二重に譲渡され、C社への譲渡につきB社の承諾があった後に、X銀行への債権譲渡登記がされた場合において、B社の当該承諾が確定日付のある証書によってなされたものでないとき、X銀行はC社に当該債権譲渡を対抗することが（　②　）。

　1 ）①債務者対抗要件　②できる
　2 ）①債務者対抗要件　②できない
　3 ）①第三者対抗要件　②できる
　4 ）①第三者対抗要件　②できない

・解説と解答・

《問1》

1 ）適切である。債権の譲渡につき債権譲渡登記がされたときは、当該債権の債務者以外の第三者については、民法の規定による確定日付のある証書による通知があったものとみなされ、当該債権譲渡を対抗することができる（動産・債権譲渡特例法 4 条 1 項、民法467条 1 項・ 2 項）。なお、この場合においては、当該登記の日付が確定日付とされる。

2 ）適切である。債権の譲渡およびその譲渡につき債権譲渡登記がされたことについて、譲渡人もしくは譲受人が当該債権の債務者に登記事項証明書を交付して通知をし、または当該債務者が承諾したときは、当該債務者について、民法の規定による通知または承諾があったものとみなされる（動産・債権譲渡特例法 4 条 2 項、民法467条 1 項・ 2 項）。したがって、譲受人は債務者に対して債権譲渡を対抗することができることになる。ただし、債務者は、対抗要件具備時までに譲渡人に対して生じた事由をもって譲受人に対抗することができる（民法468条 1 項）。

3 ）不適切である。債権が二重に譲渡された場合の譲受人相互間の優先関係は、第三者対抗要件を具備した時点の先後（例えば、確定日付のある証書による通知が債務者に到達した先後）によって決せられる（最判昭49.3.7民集28巻 2 号174頁）。本選択肢の場合には、確定日付のある証書による通知の B 社への到達日時と、 X 社への債権譲渡登記がされた日の先後によることになるので、先に第三者対抗要件を備えた C 社が X 銀行に優先することになる。なお、上記 1 ）の解説参照。

正解　　1 ）・2 ）

《問2》

　債権の二重譲渡がなされた場合において、譲受人相互間の優劣は、第三者対抗要件が具備された時点の先後によって判断される。当該売掛金債権が A 社により C 社に二重に譲渡され、 C 社への譲渡につき B 社の承諾があった後に、 X

銀行への債権譲渡登記がされた場合において、B社の当該承諾が確定日付のある証書によってなされたものでないときには、C社への譲渡について第三者対抗要件が具備されていないことになるので、債権譲渡登記により第三者対抗要件を具備したX銀行は、C社に当該債権譲渡を対抗することができる。

<u>正解</u>　　3)

4－6　債権譲渡担保と対抗要件 (2)

【問】次の事例に基づいて、後掲の各問に答えなさい。
　　X銀行は、融資取引先A社に対する貸付債権の担保として、A社が取引先B社に対する売掛金債権に譲渡担保権の設定を受けることとした。譲渡担保としての売掛金債権の取得にあたっては、動産・債権譲渡特例法に基づく債権譲渡登記を利用することを検討している。なお、当該売掛金債権には、譲渡制限の意思表示（譲渡制限特約）は付されていないものとする。

《問1》事例における売掛金債権がC社に二重に譲渡された場合に関する次の記述のうち、適切なものをすべて選びなさい。
　1）X銀行への債権譲渡について債権譲渡登記がされ、C社への譲渡についてA社からB社に確定日付ある証書による通知がされた場合、債権譲渡登記の日と、確定日付ある証書によるB社への通知の到達時の先後によって、X銀行とC社との優劣が定まる。
　2）X銀行への債権譲渡について債権譲渡登記がされ、C社への譲渡についてB社の確定日付ある証書による承諾がされた場合、債権譲渡登記の日と、確定日付ある証書によるB社の承諾時の先後によって、X銀行とC社との優劣が定まる。
　3）X銀行への債権譲渡についてもC社への譲渡についても、債権譲渡登記制度を利用せず、民法の規定に基づきA社からB社に確定日付ある証書による通知がされた場合、それぞれの確定日付の先後によって、X銀行とC社との優劣が定まる。

《問2》事例における債権譲渡担保に関する以下の文章の空欄に入る最も適切な語句等の組合せを選びなさい。
　　X銀行への債権譲渡について債権譲渡登記がされた後に、A社の債権者であるD社を差押債権者として、当該債権についての差押命令がB社に送達された。債権譲渡登記がされた場合、当該債権の（　①　）については、民法の規定による確定日付ある証書による通知があったものとみなされる。この場合においては、X銀行は、差押債権者であるD社に債権譲渡を（　②　）。
　1）①債務者以外の第三者　②対抗することができる

> 2）①債務者以外の第三者　②対抗することができない
> 3）①債務者　　　　　　　②対抗することができる
> 4）①債務者　　　　　　　②対抗することができない

・解説と解答・

《問1》

1）適切である。債権の二重譲渡がなされた場合において、譲受人相互間の優劣は、第三者対抗要件が備えられた時点の先後によって判断される。債権譲渡登記を利用する場合、債権譲渡登記がされると、当該債権の債務者以外の第三者については、民法の規定による確定日付ある証書による通知があったものとみなされ、登記の日付が確定日付とされる（動産・債権譲渡特例法4条1項）。また、両方に確定日付がある場合には、日付を問題とせず、到達の前後で決することとなる。したがって、本選択肢の場合には、債権譲渡登記の日と、確定日付ある証書によるB社への通知の到達時の先後によって、X銀行とC社との優劣が定まることになる。

2）適切である。債権の二重譲渡がなされた場合において、譲受人相互間の優劣は、確定日付のある第三者対抗要件が具備された時点の先後によって判断される。したがって、本選択肢の場合には、債権譲渡登記の日と、確定日付ある証書によるB社の承諾時の先後によって、X銀行とC社との優劣が定まることになる。

3）不適切である。債権の二重譲渡がなされ、それぞれの譲渡について確定日付のある証書による通知がなされている場合において、譲受人相互間の優劣は、それぞれの通知における確定日付自体の先後ではなく、それぞれの確定日付のある証書による通知の到達時の先後によって、X銀行とC社との優劣が定まることになる。

<u>正解　　1）・2）</u>

《問2》

債権の譲渡につき債権譲渡登記がされたときは、当該債権の債務者以外の第三者については、民法の規定による確定日付のある証書による通知があったものとみなされ、当該登記の日付が確定日付とされる（動産・債権譲渡特例法4条1項、民法467条）。したがって、X銀行は、差押債権者であるD社に先立って第三者対抗要件を備えたことになり、同社に債権譲渡を対抗することができる。

<u>正解　　1）</u>

4－7　抵当権と賃借権

【問】次の事例に基づいて、後掲の各問に答えなさい。
　X銀行は、A社に対する貸付債権の担保として、A社所有の土地および同土地上の建物に抵当権の設定を受け、登記を完了した。当該土地および建物については、X銀行が唯一の担保権者である。

《問1》事例における建物についての抵当権と賃借権に関する次の記述のうち、適切なものをすべて選びなさい。
　1）X銀行の抵当権設定登記前に、既に第三者が当該建物をA社から賃借し、居住していたとき、当該建物の賃貸借について登記がされていなければ、X銀行は、当該抵当権設定登記の完了により、当該賃借人に抵当権を対抗することができる。
　2）X銀行の抵当権設定登記後に、第三者が当該建物をA社から賃借し、当該賃貸借について登記をしていた場合において、X銀行が当該賃貸借について同意をし、かつ、その同意の登記をしていたときは、当該賃借人は、X銀行に当該建物の賃貸借を対抗することができる。
　3）X銀行とA社が当該土地・建物について抵当権設定契約を締結した後で、第三者がA社から当該建物を賃借し、建物の引渡しを受け、その後X銀行が抵当権設定登記をした場合、X銀行は、当該抵当権を賃借人に対抗することはできない。

《問2》事例における建物についての抵当権と賃借権に関する以下の文章の空欄に入る最も適切な語句等の組合せを選びなさい。
　　X銀行の抵当権設定登記後に、当該建物をA社から賃借して使用している第三者は、その後に開始された建物の競売における買受人の買受けの時から（　①　）を経過するまでは、その買受人に対する建物の引渡しを猶予される。この場合、当該買受人は、その引渡しを猶予された建物使用者に対して、建物使用の対価を（　②　）。
　1）①1カ月　②請求することができる
　2）①3カ月　②請求することはできない
　3）①6カ月　②請求することができる
　4）①1年　　②請求することはできない

・解説と解答・

《問1》

1) 不適切である。建物の賃貸借は、その登記がなくても、建物の引渡しが
あったときは、その後に当該建物につき物権を取得した者に対して、対抗
することができる（借地借家法31条）。

2) 適切である。登記をした賃貸借は、その登記前に登記をした抵当権を有す
るすべての者が同意をし、かつ、その同意の登記があるときは、その同意
をした抵当権者に対抗することができる（民法387条1項）。

3) 適切である。抵当権設定登記の第三者に対する対抗力は、抵当権設定契約
の締結時まで遡及することはないので、X銀行は抵当権設定登記以前に借
地借家法上の対抗要件を具備した賃借人に対抗することはできない。

正解　　2)・3)

《問2》

　抵当権設定登記後に、当該建物を建物所有者から賃借して、競売手続の開始
前から使用等している第三者は、抵当権者およびその後に開始された建物の競
売における買受人に対抗することができないが、買受人の買受けの時から6
カ月を経過するまでは、その買受人に対する建物の引渡しを猶予される（民法
395条1項）。この場合、当該買受人は、その引渡しを猶予された建物使用者に
対して、建物使用の対価を請求できる（同条2項）。

正解　　3)

4 - 8 法定地上権等 (1)

【問】次の事例に基づいて、後掲の各問に答えなさい。
　 X 銀行は、A に対する貸付債権を担保するため、A 所有の土地、または同土地上に存する建物に抵当権の設定を受けることを検討している。

《問 1 》事例における建物の法定地上権の成否に関する次の記述のうち、適切なものをすべて選びなさい。
1) A が所有する土地の上に、A の妻が所有する建物が存在するとき、X 銀行が、当該土地についてのみ第 1 順位の抵当権の設定を受け、その後、X 銀行の抵当権の実行により、当該土地と当該建物の所有者が異なることになった場合、当該建物のために法定地上権は成立しない。
2) X 銀行が、A が所有する土地が更地であるときに、当該土地について第 1 順位の抵当権の設定を受け、その後 A によって、当該土地上に建物が新築された場合、X 銀行の抵当権の実行により法定地上権は成立しない。
3) X 銀行が、A が所有する土地および A が所有する同土地上の建物について、第 1 順位の抵当権の設定を受けたが、その後に当該建物の所有権が第三者に譲渡された場合、X 銀行の抵当権の実行により法定地上権は成立しない。

《問 2 》事例における法定地上権の成否に関する以下の文章の空欄に入る最も適切な語句等の組合せを選びなさい。
　 A 所有の土地上に A 所有の建物が存し、X 銀行が当該土地のみについて抵当権の設定を受けた後に、その建物が取り壊されて A により別の建物が新築された場合は、新築建物につき法定地上権は（　①　）。
　 一方、A 所有の土地上に A 所有の建物が存し、X 銀行が当該土地と建物について第 1 順位の共同抵当権の設定を受けた後に、その建物が取り壊されて A により新築された場合において、X 銀行が、当該新築建物について土地の抵当権と同順位の共同抵当権の設定を受けたという特段の事情があるときは、新築建物につき法定地上権は（　②　）。

```
1）①成立する　　②成立しうる
2）①成立する　　②成立しない
3）①成立しない　②成立しうる
4）①成立しない　②成立しない
```

・解説と解答・

《問1》

1）適切である。法定地上権が成立する要件は、(i)抵当権設定時において、土地上に建物が存したこと、(ii)抵当権設定時において、土地と建物の所有者が同一であったこと、(iii)土地と建物の一方または双方に抵当権が設定されたこと（民法の条文上は「土地または建物につき抵当権が設定され」となっているが、解釈上は「土地および建物につき抵当権が設定され」た場合も含まれるとされている）、(iv)競売により土地と建物の所有者が異なることになったことの4つである（民法388条）。抵当権設定時において、土地および建物が異なる所有者に属する場合は、法定地上権は成立しない。

2）適切である。抵当権設定時において、土地上に建物が存しない場合は、後に同一所有者により建物が新築されても、法定地上権は成立しない（民法388条）。その場合、抵当権者は、土地とともにその建物を競売することができる（同法389条1項）。

3）不適切である。抵当権設定時において、土地および建物が同一の所有者に属する場合は、後にその一方が譲渡されても法定地上権が成立する（民法388条）。

正解　　1）・2）

《問2》

　土地・建物のいずれか一方、あるいは両方に抵当権を設定後、建物が建て替えられたりした場合は、新建物についても法定地上権が成立するというのが判例・通説だったところ、バブル崩壊後の不良債権処理の過程で、法定地上権制度の濫用が横行したため、東京地方裁判所執行部が1992年6月にこのケースについて、原則として新建物のための法定地上権を認めないことを明言し、最高裁判所も次のとおり判示し、これを支持した。「所有者が土地及び地上建物に共同抵当権を設定した後、右建物が取り壊され、右土地上に新たな建物が建築された場合には、新建物の所有者が土地の所有者と同一であり、かつ、新建物

が建築された時点での土地の抵当権者が新建物について土地の抵当権と同順位の共同抵当権の設定を受けたとき等特段の事情のない限り、新建物のために法定地上権は成立しない」（最判平9.2.14民集51巻2号375頁）。なお、この判例に沿ったものとして、土地との共同抵当の目的である建物を建て替えた新建物に同順位の抵当権を設定した場合、その抵当権に優先する国税の交付要求がされたときには、新建物のために法定地上権は成立しないとする判例がある（最判平9.6.5民集51巻5号2116頁）。

<u>正解　　3)</u>

4-9 法定地上権等（2）

【問】次の事例に基づいて、後掲の各問に答えなさい。

X銀行は、Aに対する貸付債権を担保するため、A所有の甲土地や同土地上の建物に抵当権の設定を受けること、またはAがBから賃借している乙土地上のA所有建物に抵当権の設定を受けることを検討している。Aによれば、甲土地上の建物は老朽化しているため、取り壊して更地にする予定である。

《問1》甲土地と同土地上の建物に関する次の記述のうち、適切なものをすべて選びなさい。

1）X銀行が甲土地と同土地上のA所有建物（増築部分のみ未登記）に抵当権の設定を受け、抵当権設定登記を行った後、抵当権の実行により土地と建物の所有者が異なることになった場合、当該建物について、未登記であった増築部分を含む建物全体のために法定地上権が成立する。

2）X銀行がその土地上にA・Bの共有建物が存在する甲土地のみに抵当権の設定を受け、抵当権設定登記を行った後、抵当権の実行により土地と建物の所有者が異なることになった場合、当該建物のために法定地上権は成立しない。

3）甲土地上のA所有建物は老朽化のため取壊し予定であることを知ったうえで、X銀行が甲土地のみに抵当権の設定を受け、抵当権設定登記を行い、その後、Aが当該建物を取り壊して更地としたうえで新たな建物を再築した場合において、抵当権の実行によって土地と建物の所有者が異なることになったとき、当該再築建物のために法定地上権は成立しない。

《問2》乙土地上の建物の借地権に関する以下の文章の空欄に入る最も適切な語句の組合せを選びなさい。

借地上の建物に設定された抵当権の効力は借地権に及ぶ。借地権は建物の（ ① ）とされるからである。抵当権の実行によって、借地上の建物を買受人が取得した場合、地主の承諾が必要となるが、地主が承諾しない場合は、当該買受人は借地借家法に基づき地主の承諾に代わる（ ② ）を裁判所に求めることができる。

　1 ）　①付加一体物　　②命令
　2 ）　①付加一体物　　②許可
　3 ）　①従たる権利　　②命令
　4 ）　①従たる権利　　②許可

・解説と解答・

《問 1 》

1 ）　適切である。法定地上権の成立要件である「抵当権設定時に土地上に建物
　　が存在すること」については、建物は現実に存在すれば足り、建物につい
　　て保存登記が設定されていることは要件とされていない。したがって、建
　　物または増築部分が未登記であってもよいとされている（最判昭44.4.18
　　集民95号157頁）。

2 ）　不適切である。抵当権設定者が単独所有する土地上に、抵当権設定者およ
　　び共有者の共有する土地が存在しているところ、当該土地のみに抵当権が
　　設定され、当該土地が競売にかけられた場合は、建物共有者全員のために
　　法定地上権が成立するものと解される（最判昭46.12.21民集25巻 9 号1610
　　頁）。

3 ）　不適切である。判例においては、土地の上に、老朽化のため取壊しが決定
　　している建物が存在しているとき、当該土地のみに抵当権を設定した場
　　合、当該建物が取り壊され、新たな建物が再築された場合には、新建物の
　　ために法定地上権が成立するとされている（大判昭10.8.10民集14巻17号
　　1549頁、最判昭52.10.11民集31巻 6 号785頁）。なお、土地および取壊し予
　　定の建物に共同抵当権を設定していた場合には、抵当権設定後に当該建物
　　が取り壊され、新たな建物が建築されたとしても、原則として、新建物の
　　所有者が土地の所有者と同一であり、かつ、新建物が建築された時点での
　　土地の抵当権者が新建物について土地の抵当権と同順位の共同抵当権の設
　　定を受けたなどの特段の事情のない限り、新建物のために法定地上権は成
　　立しないという判決がなされている（最判平9.2.14民集51巻 2 号375頁、
　　最判平10.7.3集民189号95頁）。

正解　　1 ）

《問 2 》

　借地権は借地上の建物の従たる権利とされ、借地上の建物に設定された抵当

権の効力は借地権に及ぶ（民法87条２項）。また、抵当権の実行による買受人が当該借地の賃借権を取得しても地主に不利となるおそれがないにもかかわらず、地主が当該買受人への借地権の譲渡を承諾しないときは、当該買受人は借地借家法20条１項にもとづき地主の承諾に代わる許可を裁判所に求めることができる。

正解　　4)

4－10 借地上の建物の担保取得等

【問】次の事例に基づいて、後掲の各問に答えなさい。

　X銀行は、Aに対する貸付債権を担保するため、B所有の借地上にあるA所有建物、またはA・Bが共有する土地上のAの共有持分や当該共有土地上に存するA所有建物に抵当権の設定を受けることを検討している。

《問1》事例における借地上の建物の担保取得に関する次の記述のうち、適切なものをすべて選びなさい。

1）X銀行が借地上のA所有建物に抵当権の設定を受けるにあたっては、地主Bの承諾を得なければ、Bに抵当権の取得を対抗することはできない。

2）X銀行が借地上のA所有建物に抵当権の設定を受け、抵当権設定登記を行った後、Aが地代の支払を延滞したため、地主BがAに対する土地の賃貸借契約を解除し当該建物が撤去された場合、当該建物に設定されたX銀行の抵当権は消滅する。

3）X銀行が借地上のA所有建物に抵当権を設定する前から、当該借地にBを担保提供者とする抵当権がCのために設定されている場合、A所有建物について保存登記が行われているときは、Cの同意を得てその同意の登記をすれば、Aの借地権の登記がされていなくとも、Aの借地権はCの抵当権に対抗できることになる。

《問2》A・Bが共有する土地上のA単独所有建物における法定地上権の成立の有無に関する以下の文章の空欄に入る最も適切な語句の組合せを選びなさい。

　　A・Bが共有する土地の上に、Aが単独所有する建物が存在している場合、Aの土地共有持分のみに抵当権が設定され、当該抵当権が実行されたときは、当該建物について法定地上権は（　①　）。

　　また、当該共有土地上のA単独所有建物のみに抵当権が設定され、当該抵当権が実行されたときは、当該建物について法定地上権は（　②　）。

1）①成立する　　②成立する

2）①成立する　　②成立しない

3）①成立しない　②成立する

4）①成立しない　②成立しない

・解説と解答・

《問1》

1) 不適切である。借地人が借地上の自己保有建物について抵当権を設定するにあたって、地主の承諾を得ることは、抵当権の効力を確保するための要件ではない。

2) 適切である。土地の賃貸借契約が解除されると、借地上の建物は無権限で存在することとなるため担保価値は消失し、当該建物が撤去されれば抵当権は消滅することになる。このため実務においては、将来建物を譲渡した場合にはその建物の譲受人にも借地権を認める旨、および、借地人の地代未払等を事由に賃貸借契約を解除する場合は、抵当権者である金融機関に対し、相当の猶予期間をもって地代の代払を求める旨の承諾書を地主より受け入れることとしている。

3) 不適切である。同意の登記は、借地権が登記されている必要があり、借地上の建物の保存登記だけでは行うことができない（民法387条）。

正解　2)

《問2》

　土地共有者のうち1人の共有持分のみに抵当権が設定された場合、当該共有持分の所有者に民法388条の法定地上権の成立する事由が生じたとしても、それによって他の土地共有者の利益を害することは妥当ではないとして、共有土地について法定地上権は成立しないとするのが判例である（最判昭29.12.23民集8巻12号2235頁）。また、同様の理由で、共有土地上に存在する、当該土地共有者のうちの1人が単独で所有する建物のみに抵当権が設定された場合も同様に、建物所有者について法定地上権の成立する事由が生じたとしても、原則として法定地上権は成立しない。ただし、判例においては、他の土地共有者が法定地上権の成立をあらかじめ容認しているという事情がある場合は、法定地上権が成立するとされている（最判昭44.11.4民集23巻11号1968頁）。なお、建物が共有されており、当該建物の存在する土地を、建物共有者のうちの1人が単独で所有する場合においては、当該土地に抵当権が設定され、その抵当権が実行された場合は、その土地について建物共有者全員のために法定地上権が成立するとされている（最判昭46.12.21民集25巻9号1610頁）。　正解　4)

4 −11　根抵当権の被担保債権の範囲

【問】 次の事例に基づいて、後掲の各問に答えなさい。

　X銀行は、A社への貸付債権を担保するために、A社所有の土地について、債務者をA社、極度額1億円、被担保債権の範囲を「銀行取引」、「手形債権」、「小切手債権」とする第1順位の根抵当権の設定を受けて、その登記を完了した。なお、当該融資の実行に先立ち、X銀行とA社は銀行取引約定書を締結しており、X銀行の銀行取引約定書は、全国銀行協会が2000年4月に廃止する前の「銀行取引約定書（旧）ひな型」に準拠しているものとする。

《問1》 次の各債権のうち、事例における根抵当権によって担保されるものをすべて選びなさい。

1 ）X銀行がA社からの依頼でB社振出の500万円の約束手形を割り引いた場合における、当該約束手形に係る手形買戻請求権
2 ）X銀行が取引先であるC社からの依頼でA社振出の500万円の約束手形を割り引いた場合における、当該約束手形に係る手形債権
3 ）X銀行がA社からの依頼でA社のD社に対する1,000万円の債務につき保証した場合における、当該支払承諾取引に係る求償権

《問2》 事例における根抵当権の被担保債権に関する以下の文章の空欄に入る最も適切な語句等の組合せを選びなさい。

　　A社がX銀行のE社に対する貸付金債権について保証している場合、X銀行のA社に対する保証債務履行請求権は、事例における根抵当権の被担保債権に（　①　）。

　　また、A社が第二会社であるF社を設立し、事業の全部をF社に譲渡することをX銀行が承認した場合、X銀行の承認時点で現存するA社の債務は事例における根抵当権により（　②　）。

1 ）①含まれる　　②担保される
2 ）①含まれる　　②担保されない
3 ）①含まれない　②担保される
4 ）①含まれない　②担保されない

176

・解説と解答・

《問1》

1）担保される。A社に対する手形買戻請求権は、銀行取引の一環として、被担保債権に含まれる。

2）担保される。一般に、被担保債権を「銀行取引」のみと定めた場合、債権者と債務者間の直接取引を意味するものと解されるのに対し、A社に対する手形債権は、当該手形を割り引くことによってC社から取得したもの（いわゆる「回り手形」）であり、A社との銀行取引により取得したものではないことから、当該手形債権は当然には被担保債権とはならない。しかし、民法においては、当事者間で特約を結ぶことにより、継続的に担保することができると認められており（民法398条の2第3項）、実務上は、回り手形・小切手を担保できないとすることは取引の実情からかけ離れているため、銀行取引約定書（旧）ひな型においては、「私が振出、裏書、引受、参加引受または保証した手形を、貴行が第三者との取引によって取得したときも、その債務の履行についてこの約定に従います。」との条項を加えることで、当該手形債権を対象としている（銀行取引約定書（旧）ひな型1条2項）。X銀行とA社との間では、銀行取引約定書（旧）ひな型に準拠した銀行取引約定書の差入れを受けていることから、回り手形についても担保される。なお、実務においては、根抵当権の被担保債権の範囲に「手形・小切手債権、電子記録債権」を追加登記するのが慣行となっている。

3）担保される。支払承諾取引は銀行取引の一環であり（銀行法11条2項1号）、当該取引に基づく求償権は被担保債権に含まれる。

正解　1）・2）・3）

《問2》

　X銀行のA社に対する保証債務履行請求権は、X銀行とA社との直接の銀行取引によって発生したものであるため、事例における根抵当権の被担保債権に含まれる。

　また、A社が第二会社であるF社を設立し、事業の全部をF社に譲渡することをX銀行が承認した場合、X銀行の承認時点で現存するA社の債務は、事例における根抵当権により担保されないため、個別に移転の手続をしなければならない。現存するA社の債務をF社に担保させるためには、根抵当債務者をF

社に変更し、F社が事業譲渡によって引き受けたA社の債務を被担保債権の範囲に追加し、元本の確定前にその登記を行う必要がある（民法398条の4第1項・3項）。なお、被担保債権の範囲の変更にあたっては、後順位抵当権者その他第三者の承諾を得る必要はない（同条2項）。

正解　　2)

4－12 根抵当権の極度額の変更

【問】次の事例に基づいて、後掲の各問に答えなさい。

X銀行は、A社への融資にあたり、A社所有の土地について根抵当権の設定を受けて登記を完了し、その後、当該土地についてY銀行が第2順位で抵当権の設定登記を受けた。

《問1》事例におけるX銀行の根抵当権に係る極度額の変更に関する次の記述のうち、適切なものをすべて選びなさい。

1）当該土地について、第三者であるZ社の申立てによる競売手続が開始され差押えがなされた後であっても、X銀行は、一定の要件を満たせば、当該根抵当権について極度額の変更を行うことができる。

2）当該根抵当権について確定期日の定めがなされていた場合、X銀行は、確定期日の経過後においても、利害関係を有する者の承諾を得て、極度額の変更を行うことができる。

3）当該根抵当権につき極度額増額の登記をした後に、当該土地につき国税滞納処分による差押えがなされた場合、X銀行は、極度額の増額を常に国税に対抗することができる。

《問2》事例におけるX銀行の根抵当権に係る極度額の変更に関する以下の文章の空欄に入る最も適切な語句等の組合せを選びなさい。

X銀行が当該根抵当権の極度額の増額を行う場合は、Y銀行の承諾は（ ① ）である。

また、X銀行が当該根抵当権の極度額の減額を行う場合は、Y銀行の承諾は（ ② ）である。

1）①必要　②必要

2）①必要　②不要

3）①不要　②必要

4）①不要　②不要

● 解説と解答 ●

《問1》

1）適切である。抵当不動産について第三者の申立てによる競売手続が開始され差押えがなされたことを、根抵当権者が知ってから2週間を経過すると、根抵当権の担保すべき元本は確定するが（民法398条の20第1項3号）、極度額の変更は、根抵当権の元本の確定の前後を問わず行うことができる。ただし、極度額を増額する場合には、利害関係を有する後順位抵当権者Y銀行および差押債権者Z社の承諾が必要となる（同法398条の5）。なお、元本の確定後においては、根抵当権設定者は、その根抵当権の極度額を、現に存する債務の額と以後2年間に生ずべき利息その他の定期金および債務の不履行による損害賠償の額とを加えた額に減額することを請求することができる（同法398条の21第1項）。

2）適切である。極度額の変更は、利害関係を有する者の承諾を得て、根抵当権の元本の確定の前後を問わず行うことができる（民法398条の5）。

3）不適切である。国税滞納処分による差押えが、極度額増額登記の後になされた場合でも、その国税の法定納期限等が、根抵当権設定登記より前であったときには、国税が根抵当権に優先することになる（国税徴収法16条。なお、同日であったときは根抵当権が優先する）。また、その国税の法定納期限等が、根抵当権設定登記後で、極度額増額登記より前であったときには、根抵当権者は、当初の極度額についてのみ国税に優先することになる（同法18条2項）。

正解　1）・2）

《問2》

極度額の変更については、利害関係を有する者の承諾が必要である（民法398条の5）。極度額の増額の場合は、後順位抵当権者には不利益となることから、その承諾が必要である。一方、極度額の減額の場合は、後順位抵当権者には利益となることから、後順位抵当権者は利害関係を有する者に該当せず、その承諾は不要である。

正解　2）

4－13　物上代位と担保不動産収益執行

【問】次の事例に基づいて、後掲の各問に答えなさい。

　X銀行は、賃貸マンション建設資金としてA社に5億円を融資し、A社が所有する当該マンションの敷地に抵当権の設定を受けたほか、その建物完成と同時に当該建物にも抵当権の設定を受け、いずれの登記も完了している。

《問1》事例における抵当権に基づき、X銀行が物上代位による賃料債権の差押えを行う場合に関する次の記述のうち、適切なものをすべて選びなさい。

1）X銀行は、既にA社に対して支払われた賃料については、物上代位権を行使することができない。

2）X銀行が賃料債権に物上代位する前に、A社がB社に対して賃料債権を包括的に譲渡し、かつ、その債権譲渡について対抗要件が具備された場合、X銀行は、物上代位権を行使することができない。

3）A社の債権者であるC社が賃料債権を差し押さえ、その後当該賃料債権のC社に対する払渡し前にX銀行が物上代位による賃料債権の差押えを行った場合、X銀行の物上代位が優先する。

《問2》事例における抵当権に基づき、X銀行が物上代位による賃料債権の差押え、または担保不動産収益執行の申立てを行う場合に関する以下の文章の空欄に入る最も適切な語句等の組合せを選びなさい。

　　X銀行が物上代位による賃料債権の差押えを行う場合は、抵当権者であるX銀行において、差押債務者と賃貸借契約を締結している賃借人を特定する（　①　）。また、X銀行が担保不動産収益執行の申立てを行う場合は、抵当権者であるX銀行において、差押債務者と賃貸借契約を締結している賃借人を特定する（　②　）。

1）①必要がある　②必要がない

2）①必要がある　②必要がある

3）①必要がない　②必要がある

4）①必要がない　②必要がない

・解説と解答 ・

《問1》

1）適切である（民法372条、304条1項ただし書）。

2）不適切である。賃料債権が第三者に包括譲渡されて対抗要件が具備された後に、抵当権者が当該賃料債権を差し押さえた場合については、民法304条1項ただし書の「払渡し又は引渡し」には債権譲渡は該当しないこと、抵当権の効力が物上代位の目的債権についても及ぶことは抵当権設定登記により公示されていること等を理由として、物上代位が優先するとされている（最判平10.1.30民集52巻1号1頁および最判平10.2.10集民187号47頁）。

3）適切である。債権について一般債権者による差押えと抵当権者の物上代位権に基づく差押えが競合した場合には、両者の優劣は、一般債権者の申立てによる差押命令の第三債務者への送達と、抵当権設定登記の先後によるとされている（最判平10.3.26民集52巻2号483頁）。したがって、本選択肢の場合には、抵当権設定登記が先になされているので、一般債権者による差押えが物上代位による差押えより前であっても、物上代位が優先する。

正解　　1）・3）

《問2》

　物上代位による差押えは、個々の賃借人に対する賃料債権を差し押さえるものであるから、申立債権者である抵当権者において、第三債務者である各賃借人の氏名または名称、住所を特定する必要がある（民事執行規則133条1項）。これに対して、担保不動産収益執行は、強制管理の開始決定と同時に執行裁判所により選任された管理人が担保不動産の管理、収益の収取等を行うものであり（民事執行法188条、94条1項、95条1項）、管理人が賃借人の調査・特定を行うので、申立債権者である抵当権者において賃借人を特定する必要がない。

正解　　1）

4−14　共同抵当と代位

> 【問】次の事例に基づいて、後掲の各問に答えなさい。
>
> 　X銀行は、A社に対する9,000万円の証書貸付を行うにあたり、その担保としてA社所有の甲不動産、乙不動産および丙不動産に第1順位の抵当権の設定を受け、登記を完了した。甲・乙・丙不動産についての抵当権は共同抵当であり、また、甲・乙・丙不動産の価額は、甲不動産3,000万円、乙不動産6,000万円、丙不動産9,000万円である。
>
> 　なお、各不動産の担保不動産競売にあたって、貸出金の元本がそのまま残存しているものとし、また、売却代金は上記不動産価額であるものとして、無剰余取消しおよび利息・損害金・売却費用は考慮しないものとする。

《問1》 事例における共同抵当に関する次の記述のうち、適切なものをすべて選びなさい。

1. X銀行が、乙不動産の後順位抵当権者の同意を得ずに、甲不動産の抵当権を抹消した場合、X銀行は、乙不動産の後順位抵当権者が甲不動産に代位できた限度で、乙不動産の後順位抵当権者に対して優先権を主張することができなくなる。

2. 乙不動産の後順位抵当権者の申立てにより、乙不動産のみが競売されて6,000万円で売却された場合、X銀行が配当を受けることができるのは、6,000万円を甲・乙・丙不動産の価額で按分に割り付けた額に相当する2,000万円である。

3. 抵当権者であるX銀行に代位して抵当権を行使することができる者は、X銀行の抵当権の登記に、代位の付記登記をしたうえで、不動産競売の申立てを行うことができる。

《問2》 事例における共同抵当に関する以下の文章の空欄に入る最も適切な金額の組合せを選びなさい。

　　X銀行が甲・乙・丙不動産について共同抵当権の設定を受け、登記を完了し、融資を行った後、Y銀行がA社に対する4,500万円の融資を行い、丙不動産について第2順位で抵当権の設定を受けて登記を完了した。その後、X銀行が丙不動産のみについて抵当権を実行し、競売による売却代金が9,000万円であった場合、Y銀行が、X銀

　　　行の甲・乙不動産についての抵当権を代位することができる限度額
　　　は、甲不動産について（　①　）、乙不動産について（　②　）とな
　　　る。
　1）①1,500万円　②3,000万円
　2）①2,250万円　②2,250万円
　3）①3,000万円　②1,500万円
　4）①0円　　　　②4,500万円

● 解説と解答 ●

《問1》

1）適切である（民法392条2項、504条1項、大判昭11.7.14民集15巻1409
頁、最判平4.11.6民集46巻8号2625頁）。
2）不適切である。異時配当の場合、第1順位抵当権者は、競売にかけた不動
産の代価から債権の全部の弁済を受けることが認められており、X銀行
は、6,000万円全額の配当を受けることができる。この場合、配当を受け
られなかった乙不動産の後順位抵当権者は、X銀行の甲・丙不動産に対す
る抵当権に代位することができる（民法392条2項）。
3）適切である（民法393条）。

正解　1）・3）

《問2》

　X銀行が丙不動産のみを競売して9,000万円で売却されると、X銀行は9,000
万円全額を回収でき、Y銀行への配当は0円である。この場合、Y銀行は、X
銀行の甲・乙不動産についての抵当権に対して、それらの不動産が同時配当さ
れるときにX銀行が弁済を受けられる金額を限度として、それぞれ代位するこ
とができる（民法392条2項）。したがって、Y銀行が代位することができる額
は、甲不動産につき1,500万円（＝9,000万円×3,000万円／（3,000万円＋6,000
万円＋9,000万円））、乙不動産につき3,000万円（＝9,000万円×6,000万円／
（3,000万円＋6,000万円＋9,000万円））となる。

正解　1）

4－15　定期預金担保の設定および回収方法

【問】次の事例に基づいて、後掲の各問に答えなさい。
　　X銀行は、取引先A社がX銀行とY銀行に有するそれぞれ1,000万円の定期預金に質権の設定を受けて、A社に融資を行うことを検討している。

《問1》事例におけるX銀行による定期預金担保の設定、および、その回収方法に関する次の記述のうち、適切なものをすべて選びなさい。

1）譲渡性預金を除き、一般に各金融機関の預金規定には預金の譲渡および質入れを禁止する特約が盛り込まれているため、A社がY銀行に有する定期預金についてX銀行が質権を設定するにあたっては、Y銀行の承諾を得て、当該禁止特約を解除してもらう必要がある。

2）X銀行が、A社のY銀行定期預金に設定した質権をY銀行およびその他の第三者に対抗するためには、確定日付のある証書による、Y銀行への通知またはY銀行からの承諾を得る必要がある。

3）X銀行が、質権設定済みの自行定期預金による債権回収を行う場合、質権の実行によって定期預金を取り立てることが一般的である。

《問2》定期預金担保の設定に関する下記の文章の空欄に入る最も適切な語句の組合せを選びなさい。

　　定期預金債権に質権を設定するにあたっては、法律上は、必ずしも（　①　）の交付は必要ではなく、当事者の質権設定の合意によって定期預金を担保にとることができるが、実務上は（①）の交付を受けて、質権の効力が存続する限りは、継続的に保管すべきとされている。なお、質権が二重に設定された場合は、（　②　）の先後により優劣が決せられる。

1）①債権証書（定期預金証書）　　②確定日付のある通知または承諾
2）①債権証書（定期預金証書）　　②質権設定契約締結日
3）①公正証書　　　　　　　　　②確定日付のある通知または承諾
4）①公正証書　　　　　　　　　②質権設定契約締結日

・解説と解答・

《問1》
1）適切である。定期預金には譲渡・質入禁止の特約が付いていることが通例
　　であり、当該特約を解除してもらうこと、また、質権を第三債務者および
　　その他の第三者に対抗することを目的として、定期預金の債務者である金
　　融機関の確定日付のある証書による承諾をとる必要がある（民法364条、
　　467条1項・2項、466条の5第1項）。
2）適切である（民法364条、467条1項・2項、466条の5第1項）。
3）不適切である。自行定期預金の場合は質権ではなく、相殺または払戻充当
　　により回収することが一般的である。質権者は、質権の目的となっている
　　債権を直接取り立てることができる（民法366条1項）。具体的には、質
　　権者は、自分の名において第三債務者に対して質入債権の目的物を自分に
　　直接引き渡すよう請求することができ、取り立てた金銭を被担保債権の弁
　　済に充てることができる。しかし、自行定期預金を担保としている場合に
　　は、質権者と第三債務者とが同一人であるため、質権の実行は、融資金債
　　権と預金債権とを対当額で消滅させる行為となり、相殺と異ならない。し
　　たがって、自行定期預金の場合は質権の実行ではなく、相殺または払戻充
　　当により回収することが一般的である。

正解　　1）・2）

《問2》
　　定期預金などの債権に質権を設定するにあたっては、法律上は、必ずしも債
権証書の交付は必要ではなく、当事者の質権設定の合意によって定期預金を担
保にとることができる。しかし、実務上は、債権証書の交付を受けて、質権の
効力が存続する限りは継続的に保管すべきとされている。これは債権証書が質
権設定者の手元に残ったままでは、質権を二重に設定されてしまうおそれがあ
ることがその理由の1つである。
　　質権が二重に設定された場合は、確定日付のある書面による、第三債務者へ
の通知または第三債務者からの承諾の先後により、その優劣が決せられる（民
法364条、467条1項・2項）。

正解　　1）

4－16　事業譲渡と債権管理

【問】次の事例に基づいて、後掲の各問に答えなさい。
　　Ｘ銀行の融資取引先であるＡ社は、Ｂ社に事業を譲渡することを検討している。

《問1》Ａ社からＢ社に対し、会社法で規定されている事業譲渡がなされた際に、Ａ社のＸ銀行に対する債務について、Ｂ社に当然に併存的債務引受の効果が発生する場合として、適切なものをすべて選びなさい。
　1）Ｂ社がＡ社の商号を引き続き使用する場合
　2）Ｂ社がＡ社の事業によって生じた債務を引き受ける旨を広告した場合
　3）Ａ社およびＢ社がＢ社に承継されない債務の債権者を害することを知って事業を譲渡した場合

《問2》事業譲渡に関する次の文章の空欄に入る最も適切な語句の組合せを選びなさい。
　　事業譲渡とは、事業用の流動資産や固定資産、負債のほか、得意先や事業上のノウハウ、（　①　）のような有機的に一体となった事業財産を移転する契約である。また、事業財産の移転は、合併や会社分割とは異なり、（　②　）承継ではなく、（　③　）承継によって行われる。
　1）①のれん　②不特定　③限定
　2）①のれん　②包括　③特定
　3）①物権　②包括　③限定
　4）①物権　②不特定　③特定

・解説と解答・

《問 1 》

　会社法では、事業譲渡がなされた場合において、①譲受会社が譲渡会社の商号を引き続き使用する場合（会社法22条 1 項）、②譲受会社が譲渡会社の事業によって生じた債務を引き受ける旨を広告した場合（同法23条 1 項）には、債権者保護のために、事業譲渡の譲渡会社と譲受会社が当然に併存的債務引受の効果を発生させる旨を規定している。また、譲渡会社が譲受会社に承継されない債務の債権者を害することを知って事業を譲渡した場合には、残存債権者は、その譲受会社に対して、承継した財産の価額を限度として、当該債務の履行を請求することができるとしている（同法23条の 2 第 1 項）。なお、商号を引き続き使用する場合は、事業譲渡後、譲受会社が遅滞なく債務を引き受けない旨の登記をしたとき、または譲渡会社と譲受会社がその旨を第三者に通知した場合にはその通知を受けた第三者について、譲受会社はその責任を免れる（同法22条 2 項）。

1 ）該当する。なお、譲渡会社の商号と完全に一致していなくても、譲受会社の商号の主要な部分が一致していれば、商号が引き続き使用される場合に該当すると解されているが（東京地判昭28.9.7金法32号 7 頁）、例えばA社からB社に事業が譲渡され、B社が「新A社」のような商号を使用する場合は、「新」の字句により旧債を引き受けないことを表示したものとされている（最判昭38.3.1民集17巻 2 号280頁）。

2 ）該当する。なお、広告のなかに必ずしも債務引受の文字を用いなくとも、社会通念上、事業によって生じた債務を引き受けたものと債権者が一般に信ずるようなものであると認められる場合であればよいと解されている（最判昭29.10.7民集 8 巻10号1795頁）。

3 ）該当する。

正解　　1 ）・2 ）・3 ）

《問 2 》

　事業譲渡とは、事業用の流動資産や固定資産および負債のほか、得意先や事業上のノウハウやのれんのような有機的に一体となった事業財産を移転する契約である（最判昭40.9.22民集19巻 6 号1600頁）。また、事業財産の移転は、合併や会社分割とは異なり、包括承継ではなく、特定承継によって行われる。特定承継により事業財産を移転する場合、事業に属する個々の財産、債権、債務

等は、債権者等の承諾を得て個別に移転・承継する必要がある。

正解　2)

4－17　強制執行による債権回収

【問】次の事例に基づいて、後掲の各問に答えなさい。

　X銀行は、100万円の個人ローン債務の債務者であるAに対して、強制執行による債権回収を検討している。

《問1》X銀行が、債権の強制執行手続によって、債務者Aの勤務先からAに対して支払われる給与債権、または、給与が銀行口座に振り込まれた預金債権について、民事執行法および民事執行法施行令を踏まえ、差し押さえる場合の限度額として適切なものをすべて選びなさい。
1）月収手取額が20万円の給与債権について5万円
2）月収手取額が60万円の給与債権について27万円
3）月収手取額20万円の給与を原資とする預金債権（残高20万円）について20万円
4）月収手取額60万円の給与を原資とする預金債権（残高60万円）について27万円

《問2》強制執行に関する下記の文章の空欄に入る最も適切な語句の組合せを選びなさい。

　　強制執行を行うにあたっては、債権者の権利を公証する文書である債務名義を取得する必要がある。債務名義になり得るものは法定されており、確定判決や仮執行宣言付判決、強制執行認諾文言のある（　①　）、裁判上の和解調書などがある。次に、債務名義の（　②　）に執行文の付与を受ける必要がある。執行文の付与は、債権者が債務者に対しその債務名義により強制執行ができる場合に、その旨を債務名義の（②）の末尾に付記する方法により行われる。
1）①公正証書　　　　　　②正本
2）①公正証書　　　　　　②謄本
3）①仮執行宣言付支払督促　②正本
4）①仮執行宣言付支払督促　②謄本

・解説と解答・

《問1》

　債務者が第三者に対して有する債権であっても、債務者およびその家族の生活保障といった社会政策上の理由等から差押禁止となっている債権がある（①民事執行法上の差押禁止債権、②特別法上の差押禁止債権、③性質上の差押禁止債権）。

　このうち、①民事執行法上の差押禁止債権（民事執行法152条1項・2項）には、㋐債務者が国および地方公共団体以外の者から生計を維持するために支給を受ける継続的給付に係る債権（例：私的年金契約に基づき生命保険会社等から受ける支払）、㋑給料、賃金、俸給、退職年金および賞与等、㋒退職手当等があり、これらの債権のうち差押禁止とされる範囲は債権の4分の3に相当する金額まで（その額が政令で定める額を超える場合は、政令で定める額まで）であるため、残りの4分の1については差し押さえることが可能である。なお、2024年1月末現在、政令で定める差押禁止の額は、月給の場合33万円である（同法施行令2条1項1号）。

1）適切である。給料債権のうち、15万円（＝20万円×3／4）の差押えが禁止されていることから、5万円（＝20万円－15万円）が差押えの限度額となる。

2）適切である。差押え債権の4分の3に相当する金額45万円（＝60万円×3／4）が、政令で定める額（33万円）を超えることから、33万円の差押えが禁止されている。したがって、27万円（＝60万円－33万円）が差押えの限度額となる。

3）適切である。給料が振り込まれた口座の預金債権は、差押禁止債権を原資とするものであっても、外形的には生活保障的要素等を看取することができないので、差押禁止債権には当たらないと解されている（最判平10.2.10金法1535号64頁）。したがって、当該預金債権の全額である20万円が差押えの限度額となる。

4）不適切である。当該預金債権の全額である60万円が差押えの限度額となる。上記3）の解説参照。

正解　　1）・2）・3）

《問2》

　強制執行を行うにあたっては、債権者の権利を公証する文書である債務名義

を取得する必要がある。債務名義は、民事執行法22条に法定されているが、このうち、金銭の一定額の支払または代替物もしくは有価証券の一定数量の給付が約束され、かつ強制執行認諾文言（債務者が直ちに強制執行に服する旨の陳述が記載されているもの）が記載されている公正証書を執行証書という（民事執行法22条 5 号）。また、仮執行宣言付支払督促は、強制執行認諾文言がなくとも債務名義となる（同条 4 号）。執行文の付与は、債権者が債務者に対しその債務名義により強制執行をすることができる場合に、その旨を債務名義の正本の末尾に付記する方法により行われる（同法26条 2 項）。

<u>正解　　1)</u>

4－18　信用保証協会保証付融資

【問】次の事例に基づいて、後掲の各問に答えなさい。

　X銀行は、既存の貸付債権を有する融資取引先A社に対し、運転資金の追加融資を実行するにあたって、信用保証協会からその融資についての保証を目的とする信用保証書の交付を受け、融資を実行した。

《問1》 X銀行の融資と旧債振替に関する次の記述のうち、適切なものをすべて選びなさい。

　1）信用保証協会保証に係る貸出金がA社の普通預金口座に入金された後、当該口座からX銀行のA社に対する既存融資に係る約定弁済分が引き落とされ、信用保証協会保証付貸出金の一部が既存融資の約定弁済に充当された場合、その事実だけをもって旧債振替禁止条項違反に該当し、保証免責となる。

　2）X銀行が、信用保証書の交付前につなぎ融資を行い、信用保証協会保証に係る貸付金をもって当該つなぎ融資による貸付金を回収した場合、原則として旧債振替禁止条項違反に該当し、保証免責となる。

　3）X銀行は、信用保証協会の保証に係る融資をもって、X銀行の既存の債権に充てないこととされているが、信用保証協会が特別の事情があると認め、X銀行に対し承諾書を交付したときは、旧債振替に該当する行為をすることも認められる。

《問2》 X銀行の融資と旧債振替に関する以下の文章の空欄に入る最も適切な語句等の組合せを選びなさい。

　　判例の考え方によると、X銀行と信用保証協会との信用保証協会保証契約に旧債振替禁止条項の違反があった場合、信用保証協会からの（　①　）、保証債務は消滅し、その消滅する保証債務の範囲としては、信用保証制度の趣旨・目的に照らして保証債務の全部について免責を認めるのを相当とする（　②　）がある場合を除き、当該違反部分のみについて保証債務の消滅効果が生ずる。

　1）①書面による請求により　　　　②明文の規定
　2）①書面による請求により　　　　②特段の事情
　3）①特段の意思表示を要することなく　②明文の規定
　4）①特段の意思表示を要することなく　②特段の事情

・解説と解答・

《問1》

1）不適切である。本選択肢の場合、外形的には旧債振替となるが、既存融資
　の約定弁済に充当する意図を有していたのでない限り、実質的には運転資
　金の利用と同視でき、中小企業の金融の円滑化に資するものであるといえ
　るため、原則として、保証免責とはならない。また、入金予定の売掛金等
　が偶発的事情により遅延したため既存融資の弁済に充当された場合など、
　合理的な説明ができる場合は保証免責とはならない。ただし、期限一括弁
　済の決済に充てられたなどの場合は、原則として、旧債振替禁止条項違反
　として保証免責となる。
2）適切である。なお、旧債振替禁止条項では、信用保証協会が特別の事情が
　あると認め交付した保証協会の承諾書がある場合は例外を認めている（信
　用保証協会保証契約の約定書例3条）。
3）適切である。上記2）の解説参照。

正解　　2）・3）

《問2》

　判例の考え方によると、金融機関に旧債振替禁止条項の違反があった場合、
信用保証協会からの特段の意思表示を要することなく、保証債務は消滅し、そ
の消滅する保証債務の範囲としては、信用保証制度の趣旨・目的に照らして保
証債務の全部について免責を認めるのを相当とする特段の事情がある場合を除
き、当該違反部分のみについて保証債務の消滅効果が生ずる（最判平9.10.31
民集51巻9号4004頁）。

正解　　4）

4−19　信用保証協会の代位弁済等

【問】次の事例に基づいて、後掲の各問に答えなさい。
　X銀行は、A社所有不動産に根抵当権の設定を受け登記を完了するとともに、A社に対して、信用保証協会の保証付融資を実行した。X銀行のA社との銀行取引についてはBが連帯保証人となっており、Bは、信用保証協会の保証債務についても信用保証委託契約上の連帯保証人となっている。今般、A社の返済が滞ったことから、X銀行は、信用保証協会に代位弁済を請求することにした。なお、X銀行のA社に対する融資は、上記信用保証協会の保証付融資のみである。

《問1》事例における信用保証協会の代位弁済に関する次の記述のうち、適切なものをすべて選びなさい。
1）X銀行は、A社に対する信用保証協会保証付融資に係る債権について信用保証協会から代位弁済を受ける場合、当該根抵当権が保証条件となっているかどうかにかかわらず、担保物を信用保証協会に交付する義務がある。
2）Bは、X銀行に対してA社の信用保証協会保証付融資に係る保証債務を全額弁済した場合でも、信用保証協会に対しては、求償権を行使することができない。
3）信用保証協会が代位弁済した場合、信用保証協会は、主たる債務者に対して有する求償権全額の償還を、Bに対して請求することができる。

《問2》事例における代位弁済と根抵当権に関する以下の文章の空欄に入る最も適切な語句等の組合せを選びなさい。
　　X銀行が、信用保証協会から代位弁済を受けて根抵当権の移転をするためには、根抵当権の担保すべき（　①　）いなければならず、かつ、そのことが（　②　）いなければ、根抵当権の移転登記申請は受理されない。
1）①元本が確定して　　②不動産登記事項証明書上明らかになって
2）①元本が確定して　　②書面により証明されて
3）①債権が特定されて　②不動産登記事項証明書上明らかになって
4）①債権が特定されて　②書面により証明されて

・解説と解答・

《問1》

1）適切である（信用保証協会保証契約の約定書例10条）。

2）適切である。共同保証の場合、民法上は、特約がない限り、保証人の人数で主たる債務を分割した額が各保証人の負担部分となり、相互に求償できることになるが（民法456条、427条）、信用保証委託契約上の特約として、信用保証協会が代位弁済した場合には連帯保証人は信用保証協会が有する求償権の全額を償還すること（信用保証委託契約書例13条4項1号、7条）、および連帯保証人が代位弁済した場合は信用保証協会に対して求償しないこと（同契約書例13条4項3号）等が定められている。

3）適切である。上記2）の解説参照。

正解　　1）・2）・3）

《問2》

　確定前の根抵当権においては、被担保債権に対する付従性および随伴性がないとされ、代位弁済しても、当該根抵当権は代位弁済者に移転しない（民法398条の7第1項）。したがって、代位弁済により根抵当権の移転をするためには、根抵当権の担保すべき元本が確定していなければならず、かつ、確定していることが不動産登記事項証明書上明らかになっていなければ、根抵当権の移転登記申請は受理されない（法務省昭46.12.27民事三発第960号法務省民事局第三課長依命通知第7本文・金法637号35頁）。

正解　　1）

4－20 法的整理手続と相殺（1）

【問】次の事例に基づいて、後掲の各問に答えなさい。
　　X銀行Y支店の融資取引先A社は、債務超過によって支払停止かつ支払不能となり、破産手続開始の申立てを行って、裁判所から破産手続開始の決定を受けた。一方、A社の取引先から、Y支店のA社普通預金口座に振込入金があった。

《問1》　X銀行の貸付債権と当該振込入金によって成立した預金債権との相殺に関する次の記述のうち、適切なものをすべて選びなさい。
1）A社が支払停止かつ支払不能となった後、破産手続開始の申立てをする前に、当該振込入金がなされた場合、当該振込入金の時点で、X銀行がA社の支払停止の事実を知らなかったときは、X銀行は、A社に対する当該貸付債権と当該振込入金によって成立した預金債権とを相殺することができる。
2）A社が破産手続開始の申立てをした後、その破産手続開始決定前に、当該振込入金がなされた場合、当該振込入金の時点でX銀行がA社の破産手続開始の申立ての事実を知っていたときは、X銀行は、A社に対する当該貸付債権と当該振込入金によって成立した預金債権とを相殺することができる。
3）A社が破産手続開始決定を受けた後に、当該振込入金がなされた場合、当該振込入金の時点でX銀行がA社の破産手続開始の事実を知っていたかどうかにかかわらず、X銀行はA社に対する当該貸付債権と当該振込入金によって成立した預金債権とを相殺することができない。

《問2》　X銀行が貸付債権の相殺を行う場合に関する以下の文章の空欄に入る最も適切な語句等の組合せを選びなさい。
　　A社は債務超過になる以前よりX銀行に定期預金500万円を有しており、破産手続開始の決定を受けた時点において、X銀行のA社に対する貸付債権の残額は2,000万円であった。この場合、X銀行の貸付債権は（　①　）となるが、X銀行は、原則として、破産手続開始後において、貸付債権を自働債権、Aの当該預金債権を受働債権として相殺をすることが（　②　）。

1 ）①破産債権　②できる
2 ）①破産債権　②できない
3 ）①共益債権　②できる
4 ）①共益債権　②できない

・ 解説と解答 ・

《問 1 》

1 ）適切である。破産債権者が支払の停止があった後に破産者に対して債務を
　負担した場合であって、その負担の当時、支払の停止があったことを知っ
　ていたときは、破産債権者は相殺をすることができないとされているが
　（破産法71条 1 項 3 号）、破産者に対する債務負担の当時、支払の停止が
　あったことを知らなかった場合については、相殺禁止の規定はない。

2 ）不適切である。破産手続開始の申立てがあった後に破産者に対して債務を
　負担した場合であって、その負担の当時、破産手続開始の申立てがあった
　ことを知っていたときは、破産債権者は相殺をすることができない（破産
　法71条 1 項 4 号）。

3 ）適切である。破産手続開始後に破産財団に対して債務を負担したときは、
　破産債権者が手続開始があったことを知っているかどうかにかかわらず、
　破産債権者は相殺することができない（破産法71条 1 項 1 号）。

正解　　1 ）・3 ）

《問 2 》

　A 社が破産手続開始の決定を受けた時点において、X 銀行の A 社に対する貸
付債権の残額は2,000万円であり、A 社が X 銀行に定期預金500万円を有してい
た場合、X 銀行の貸付債権は破産債権となるが（破産法 2 条 5 項）、手続開始
の時において破産者に対して債務を負担しているので、X 銀行は破産手続開始
後において、破産手続によらないで、貸付債権を自働債権、A 社の当該預金債
権を受働債権として相殺をすることができる（同法67条 1 項）。なお、破産債
権者の有する債権が破産手続開始の時において期限付もしくは解除条件付であ
るとき等でも、破産債権者は相殺をすることができる（同条 2 項）。

正解　　1 ）

4－21　法的整理手続と相殺（2）

【問】次の事例に基づいて、後掲の各問に答えなさい。

　X銀行の融資取引先である株式会社A社は、業績不振に陥り資金繰りが悪化したことから、法的整理手続開始の申立てを行い、手続開始の決定を受けた。なお、手続開始決定の時点において、X銀行のA社に対する貸付債権の残高は5,000万円であり、A社はX銀行に1,000万円の預金を有しているものとする。

《問1》 X銀行が、A社の法的整理手続開始の申立て後に、当該貸付債権と当該預金債権との相殺を行おうとする場合に関する次の記述のうち、適切なものをすべて選びなさい。
1) A社が破産手続開始の申立てをした場合、X銀行は、当該貸付債権と当該預金債権が破産手続開始決定よりも前に相殺適状に達していれば、原則として、破産手続によらずに、いつでも相殺することができる。
2) A社の民事再生手続が開始し、当該貸付債権と当該預金債権が債権届出期間満了前に相殺適状に達した場合、X銀行は、当該債権届出期間内に限り、相殺することができる。
3) A社が会社更生手続開始の申立てをした場合、X銀行は、当該貸付債権と当該預金債権が更生手続開始決定までの間に相殺適状に達していれば、更生手続によらずに、いつでも相殺することができる。

《問2》 X銀行が、A社の破産手続開始決定後に、当該貸付債権と当該預金債権との相殺を行う場合に関する以下の文章の空欄に入る最も適切な語句等の組合せを選びなさい。

　　X銀行が、A社の破産手続開始決定後に、当該貸付債権と当該預金債権との相殺を行う場合、その相殺の意思表示は、（　①　）に対して行う必要がある。なお、当該貸付債権に係る破産手続開始決定後の利息および損害金については、（　②　）に当たり、当該利息および損害金を自働債権として相殺をすることは（　③　）。
1) ①破産裁判所　②優先的破産債権　③できる
2) ①破産裁判所　②劣後的破産債権　③できない
3) ①破産管財人　②優先的破産債権　③できる

4）①破産管財人　②劣後的破産債権　③できない

・解説と解答・

《問1》

1）適切である。破産法は、一定の場合に相殺禁止の規定を設けてはいるものの、財産の清算を目的とすることから、破産債権者が破産手続開始の時において破産者に対して債務を負担するときは、破産手続によらないで相殺をすることができるとしている（破産法67条1項）。したがって、破産手続開始決定時に相殺適状に達している相殺権の行使に時期的制限はなく、破産手続中いつでも相殺することができる。なお、破産管財人は、破産債権者に対して相殺権の行使につき催告することができ、破産管財人が定めた期間内に破産債権者が確答しない場合には、破産手続において相殺権を行使できない（同法73条）。

2）適切である。再生手続開始当時、再生債権者が再生債務者に対して債務を負担する場合、債権および債務の双方が債権届出期間の満了前に相殺に適するようになったときは、再生債権者は、当該債権届出期間内に限り、再生計画の定めるところによらないで相殺をすることができる（民事再生法92条1項）。

3）不適切である。会社更生手続においても、民事再生手続と同様、更生手続開始当時、更生債権者が更生会社に対して債務を負担する場合、債権および債務の双方が債権届出期間の満了前に相殺に適するようになったときは、更生債権者は、当該債権届出期間内に限り、更生計画の定めるところによらないで相殺をすることができる（会社更生法48条1項）。

正解　　1)・2)

《問2》

破産手続開始決定があった場合、受働債権である預金債権を含む、破産財団所属の財産の管理および処分をする権利は破産管財人に専属することから（破産法78条1項）、X銀行は破産管財人に対して相殺の意思表示を行うことになる。また、当該貸付債権に係る破産手続開始決定後の利息および損害金については、劣後的破産債権に当たり（同法99条1項1号、97条1号・2号）、劣後的破産債権を自働債権とする相殺は認められないと解されていることから、当該利息および損害金を自働債権として相殺をすることはできない。

正解　　4)

4-22 再生計画の認可と保証人等

【問】次の事例に基づいて、後掲の各問に答えなさい。

X銀行は、融資取引先A社に対する証書貸付を行っていたが、当該貸付債権については、A社代表取締役Bと、A社の大口取引先であるC社が連帯保証人となっており、また、当該貸付債権の担保として、D社所有の土地に抵当権の設定を受け登記を完了していた。その後、A社について民事再生手続が開始され、「再生債権につき8割免除、残額を3年間で分割弁済」とする旨の再生計画案が可決され、裁判所により再生計画認可決定がなされて確定した。

《問1》事例における再生計画が、X銀行がA社に有する貸付債権の連帯保証人および物上保証人に及ぼす影響に関する次の記述のうち、適切なものをすべて選びなさい。
1) 再生計画は、X銀行が連帯保証人Bに対して有する権利に、影響を及ぼさない。
2) 再生計画は、X銀行が連帯保証人C社に対して有する権利に、影響を及ぼさない。
3) 再生計画は、X銀行が物上保証人D社に対して有する権利に、影響を及ぼさない。

《問2》事例における再生計画案または再生計画に関する以下の文章の空欄に入る最も適切な語句等の組合せを選びなさい。

再生計画案の可決の要件は、議決権者の過半数の同意、かつ議決権者の議決権の総額の（　①　）以上の議決権を有する者の同意である。再生計画案が可決され、再生計画認可決定が確定した際に再生計画の条項が記載された再生債権者表は、再生債権に基づき再生計画の定めによって認められた権利について、A社およびX銀行にとって（　②　）と同一の効力を有する。
1) ①3分の2　②確定判決
2) ①3分の2　②公正証書
3) ①2分の1　②確定判決
4) ①2分の1　②公正証書

・解説と解答・

《問 1 》

1) 適切である。再生計画は、再生債権者が再生債務者の保証人に対して有する権利に影響を及ぼさず、保証人と再生債務者との関係性や、保証人が法人であるか個人であるかを問わない（民事再生法177条 2 項）。

2) 適切である。上記 1) の解説参照。

3) 適切である。再生計画は、再生債務者の財産に設定された担保だけでなく、再生債務者以外の者が再生債権者のために提供した担保にも影響を及ぼさない（民事再生法177条 2 項）。

正解　　1)・2)・3)

《問 2 》

再生計画案の可決の要件は、議決権者の過半数の同意、かつ議決権者の議決権の総額の 2 分の 1 以上の議決権を有する者の同意である（民事再生法172条の 3 第 1 項）。再生計画案が可決され、再生計画認可決定が確定した際に再生計画の条項が記載された再生債権者表は、再生債権に基づき再生計画の定めによって認められた権利については、再生債務者および再生債権者等に対して、確定判決と同一の効力を有する（同法180条 1 項・ 2 項）。

正解　　3)

4-23　信用調査（1）

【問】次の事例に基づいて、後掲の各問に答えなさい。

　食品加工メーカーである甲株式会社（以下、「甲社」という）の代表取締役社長であるAは、先月、大手食品メーカーである乙株式会社（以下、「乙社」という）から、新製品に使用する乾燥具材の製造が可能であるかどうかの問合せを受けた。Aは、取引拡大のため、乙社から当該乾燥具材の受注をしたいと考えているが、乾燥具材の加工には新設備の導入が必要である。そこで、Aは、甲社の取引金融機関の営業担当者であるMに新設備の導入について相談した。以下は、MがAよりヒアリングした内容および甲社に関する資料の一部である。

〈ヒアリング内容〉

(ⅰ)　新設備は、来期（第25期）に甲社工場の空きスペースに設置する予定である。

(ⅱ)　新設備の投資総額は120百万円であるが、設備工事費用の12百万円は自己資金にて対応するため、機械設備費108百万円の資金協力が必要となる。Aは、融資条件として、元金均等返済（8年）、適用金利2.0%を希望している。

(ⅲ)　当該借入れの年間元金返済額は13.5百万円であり、既存借入れを含めた年間返済額は44.5百万円となる。

(ⅳ)　新設備の耐用年数は11年であり、減価償却方法は定額法を採用、かつ初年度の減価償却費が10百万円発生する見込みである。既存設備の償却負担は来期も今期と同額を見込む。

(ⅴ)　新設備導入後、上記(ⅳ)以外に労務費9百万円および支払利息2百万円が発生する見込みである。

(ⅵ)　新設備導入後の変動費率は、後掲〈資料1〉～〈資料3〉より算出した今期（第24期）予想値と同値を想定している。

〈資料1〉　甲社に係る費用の分類

変動費
・当期商品仕入高　・材料費　・燃料費　・外注費　・容器包装費
・その他直接経費

固定費
 ・人件費　　　 ・荷造運賃　　　 ・減価償却費　　 ・賃借料
 ・租税公課　　 ・水道光熱費　　 ・販売手数料　　 ・その他販売管理費
 ・支払利息　　 ・労務費

〈資料 2〉 甲社第24期予想損益計算書　　　〈資料 3〉 甲社第24期予想製造原価報告書

（単位：百万円）

科　目	第24期予想
Ⅰ　売上高	550
売上原価	404
期首商品・製品棚卸高	17
当期商品仕入高	61
当期製品製造原価	343
期末商品・製品棚卸高	17
Ⅱ　売上総利益	146
販売費及び一般管理費	132
給与手当	36
役員報酬	16
法定福利費	2
福利厚生費	1
荷造運賃	16
減価償却費	5
賃借料	4
租税公課	2
水道光熱費	4
販売手数料	8
その他販売管理費	38
Ⅲ　営業利益	14
営業外収益	0
受取利息・配当金	0
営業外費用	4
支払利息	4
Ⅳ　経常利益	10
特別利益	0
固定資産売却益	0
特別損失	0
Ⅴ　税引前当期純利益	10
法人税等	3
Ⅵ　当期純利益	7

（単位：百万円）

科　目	第24期予想
Ⅰ　材料費	204
期首材料棚卸高	31
当期材料仕入高	204
合　計	235
期末材料棚卸高	31
Ⅱ　労務費	55
Ⅲ　経費	84
外注費	13
燃料費	25
減価償却費	19
容器包装費	22
その他直接経費	5
Ⅳ　当期総製造費用	343
期首仕掛品棚卸高	14
合　計	357
期末仕掛品棚卸高	14
Ⅴ　当期製品製造原価	343

《問 1 》 甲社の第24期予想における〔①限界利益率〕および〔②損益分岐
　　点売上高〕を答えなさい。なお、①の答については％単位とし、小
　　数点以下第 1 位を四捨五入すること。またし、②の答については
　　百万円単位とし、小数点以下第 1 位を四捨五入すること。

204

《問2》甲社が事例における新設備を導入した場合、来期（第25期）の借入金返済をキャッシュフローでまかなうために必要な経常利益を答えなさい。なお、来期の法人税等の税率は30%、特別損益、配当金支払および未収・未払・引当金等の入出金の伴わない収益・費用等は0（ゼロ）、運転資本の増減はないものとする。また、答は百万円単位とし、小数点以下第1位を四捨五入すること。

《問3》《問2》で求めた経常利益をあげるために必要となる売上高を答えなさい。

・解説と解答・

《問1》

当期（第24期）の予想製造原価報告書および予想損益計算書を費用分解し、変動費および固定費を算出すると次のようになる。

予想製造原価報告書　　　　　　　（単位：百万円）

科目		第24期予想	変動費	固定費
Ⅰ	材料費	204	204	
	期首材料棚卸高	31		
	当期材料仕入高	204		
	合　計	235		
	期末材料棚卸高	31		
Ⅱ	労務費	55		55
Ⅲ	経費	84		
	外注費	13	13	
	燃料費	25	25	
	減価償却費	19		19
	容器包装費	22	22	
	その他直接経費	5	5	
Ⅳ	当期総製造費用	343		
	期首仕掛品棚卸高	14		
	合　計	357		
	期末仕掛品棚卸高	14		
Ⅴ	当期製品製造原価	343		
	合計		269	74

予想損益計算書　　　　　　（単位：百万円）

科目	第24期予想	変動費	固定費
I　売上高	550		
売上原価	404		
期首商品・製品棚卸高	17		
当期商品仕入高	61	61	
当期製品製造原価	343	269	74
期末商品・製品棚卸高	17		
II　売上総利益	146		
販売費及び一般管理費	132		
給与手当	36		36
役員報酬	16		16
法定福利費	2		2
福利厚生費	1		1
荷造運賃	16		16
減価償却費	5		5
賃借料	4		4
租税公課	2		2
水道光熱費	4		4
販売手数料	8		8
その他販売管理費	38		38
III　営業利益	14		
営業外収益	0		
受取利息・配当金	0		0
営業外費用	4		
支払利息	4		4
IV　経常利益	10		
特別利益	0		
特別損失	0		
V　税引前当期純利益	10		
法人税等	3		
VI　当期純利益	7		
合計		330	210

　したがって、甲社の第24期予想における限界利益率および損益分岐点売上高はそれぞれ下記のとおり求めることができる。

①限界利益率 ＝｛1 －（変動費÷売上高）｝×100％

　　　　　　 ＝｛1 －（330百万円÷550百万円）｝×100％

　　　　　　 ＝（1 －0.6）×100％ ＝40％

正解　　40％

②損益分岐点売上高 ＝固定費÷限界利益率

　　　　　　　　　 ＝210百万円÷40％ ＝525百万円

正解　　525百万円

《問2》

　一般に、借入金は、事業から生み出されたキャッシュフローで返済される。減価償却費以外に入出金の伴わない収益・費用がなく、運転資本の増減がない場合は、キャッシュフローは、一般的に次の算式で計算される。

③キャッシュフロー ＝当期純利益＋減価償却費

　また、〈ヒアリング内容〉(iv)より、新設備導入後の減価償却費は次のとおりである。

〈減価償却費〉　　　　　　　　　（単位：百万円）

販売費及び一般管理費	5
製造原価報告書	19
新設備	10
合計	34

　さらに、〈ヒアリング内容〉(iii)より、来期（第25期）の年間借入金返済額は44.5百万円であるから、キャッシュフローの必要最低額も44.5百万円となる。したがって、上式③を用いると来期純利益の必要最低額は下記のとおり求めることができる。

　　来期必要キャッシュフロー ＝来期必要純利益＋減価償却費

　　来期必要純利益 ＝来期必要キャッシュフロー－減価償却費

　　　　　　　　　 ＝44.5百万円－34百万円

　　　　　　　　　 ＝10.5百万円

　また、来期必要純利益 ＝来期必要経常利益×（1 －法人税等税率）であるため、法人税等の税率が30％の場合、借入金を収益で返済するために必要な経常

利益額は、下記のとおり求めることができる。

　　来期必要経常利益額＝来期必要純利益÷（ 1 － 30%）
　　　　　　　　　　　＝10.5百万円÷70% ＝15百万円

__正解　　15百万円__

《問 3 》

　　必要売上高は、上式②の分子に「固定費増加額」と「目標経常利益」を加算することにより算出する。なお、〈ヒアリング内容〉(vi)より、新設備導入後の変動費率は、〈資料 1 〉～〈資料 3 〉より算出した今期（第24期）予想値と同値を想定しているため、来期（第25期）の限界利益率は、今期（第24期）と同じ40％とする。

　　また、固定費増加額は、初年度に発生する減価償却費10百万円、労務費 9 百万円および支払利息 2 百万円の合計額21百万円となる。

　　よって、経常利益15百万円をあげるために必要な売上高は、下記のとおり求めることができる。

　　必要売上高＝（固定費＋固定費増加額＋目標経常利益）÷限界利益率
　　　　　　　＝（210百万円＋21百万円＋15百万円）÷40% ＝615百万円

__正解　　615百万円__

4－24　信用調査（2）

【問】次の事例に基づいて、後掲の各問に答えなさい。

　X金融機関の融資担当者Yは、A株式会社（製造業）から、〈資料1〉貸借対照表、〈資料2〉損益計算書、〈資料3〉製造原価報告書、および〈補足説明〉を入手した。Yはこれらに基づきA株式会社のキャッシュフロー計算書を作成し、A株式会社の資金の流れについて検証を行おうとしている。なお、資料1、資料3における数値の前の「▲」はマイナスを意味するものとする。

〈資料1〉　貸借対照表　　　　　　　　　　　　　　　　　（単位：千円）

資　産	第30期	第31期	前期比	負債・純資産	第30期	第31期	前期比
（流動資産）	166,037	186,893	20,856	（流動負債）	133,814	137,333	3,519
現金・預金	51,925	46,925	▲5,000	支払手形	33,892	33,253	▲639
受取手形	39,140	39,211	71	買掛金	22,196	21,488	▲708
売掛金	25,646	25,845	199	短期借入金	42,964	48,964	6,000
原材料	30,595	40,502	9,907	未払金	2,868	2,285	▲583
半製品・仕掛品	4,055	14,936	10,881	未払法人税等	2,900	3,100	200
有価証券	2,568	3,006	438	仮受金	6,987	6,754	▲233
未収入金	2,911	3,985	1,074	その他流動負債	22,007	21,489	▲518
短期貸付金	2,398	3,251	853				
貸倒引当金	▲630	▲690	▲60				
その他流動資産	7,429	9,922	2,493				
（固定資産）	245,720	234,514	▲11,206				
有形固定資産	214,434	203,228	▲11,206				
建物構築物	95,561	93,948	▲1,613	（固定負債）	137,244	139,244	2,000
機械器具・工具	44,777	40,190	▲4,587	長期借入金	137,244	139,244	2,000
備品	884	907	23				
車輌運搬具	5,147	5,118	▲29	負債合計	271,058	276,577	5,519
土地	57,700	52,700	▲5,000	（純資産）	140,699	144,830	4,131
その他有形固定資産	10,365	10,365	0	資本金	20,000	20,000	0
無形固定資産	2,000	2,000	0	利益剰余金	120,699	124,830	4,131
投資その他資産	29,286	29,286	0	利益準備金	5,000	5,000	0
				繰越利益剰余金	115,699	119,830	4,131
資産の部合計	411,757	421,407	9,650	負債・純資産の部合計	411,757	421,407	9,650

〈資料2〉　損益計算書

（単位：千円）

科　目	第30期	第31期
I　売上高	546,700	536,440
売上原価	395,381	378,101
当期製品製造原価	395,381	378,101
II　売上総利益	151,319	158,339
販売費及び一般管理費	136,429	142,815
社員給与	35,019	36,790
役員報酬	16,201	20,009
荷造運賃	16,494	15,937
減価償却費	5,013	5,113
賃借料	3,952	3,952
租税公課	2,491	2,491
水道光熱費	4,156	4,006
販売手数料	8,417	9,208
貸倒引当金繰入	630	690
その他	44,056	44,619
III　営業利益	14,890	15,524
営業外収益	886	216
受取利息・配当金	886	216
営業外費用	3,565	3,905
支払利息	3,565	3,905
IV　経常利益	12,211	11,835
特別利益	630	1,130
貸倒引当金戻入	630	630
固定資産売却益	0	500
特別損失	0	0
V　税引前当期純利益	12,841	12,965
法人税等	5,778	5,834
VI　当期純利益	7,063	7,131

〈資料3〉　製造原価報告書

（単位：千円）

科　目	第30期	第31期
I　材料費	274,868	268,293
期首材料棚卸高	29,056	30,595
当期材料仕入高	276,407	278,200
合計	305,463	308,795
期末材料棚卸高	30,595	40,502
II　労務費	47,610	49,001
III　燃料費	25,011	24,890
IV　経費	47,881	46,798
外注費	13,345	13,500
減価償却費	9,065	9,293
その他	25,471	24,005
V　当期総製造費用	395,370	388,982
①期首半製品・仕掛品棚卸高	4,066	4,055
合計	399,436	393,037
②期末半製品・仕掛品棚卸高	4,055	14,936
期末・期首半製品等差額（①-②）	11	▲10,881
VI　当期製品製造原価	395,381	378,101

〈補足説明〉

1．第31期における借入金の期中取引（借入れ・返済）は、次のとおりである。

　①　短期借入金：新規借入れ115,200千円、返済109,200千円

　②　長期借入金：新規借入れ15,000千円、返済13,000千円

2．第31期における固定資産売却益500千円は、簿価5,000千円の土地を5,500千円で売却したことによるものである。また、当該固定資産売却に伴う収入は土地売却代金のみであり、当該固定資産売却に伴う費用の支出はない。

3．第30期、第31期ともに、期末の受取手形割引高、裏書手形譲渡高は「０」である。

4．第30期、第31期ともに、支払手形のなかに設備支払手形はない。

5．第31期の株主資本の変動は、当期純利益と剰余金の配当のみである。

6．税効果会計は適用していないものとする。

7．流動資産の有価証券につき、時価評価を行っていないものとする。

《問１》〈補足説明〉を参考に、次のキャッシュフロー計算書（間接法）の空欄㋐〜㋤に当てはまる金額を記入し、第31期のキャッシュフロー計算書を完成させなさい。なお、答はすべて千円単位とし、数値がマイナスとなる場合は、数値の前に「▲」を付すこと（例：▲100）。

第31期　キャッシュフロー計算書（間接法）（単位：千円）

項　　　目	金　額
Ⅰ　営業活動によるキャッシュフロー	
税引前当期純利益	12,965
減価償却費	（　㋐　）
貸倒引当金の増加額	60
受取利息・配当金	▲216
支払利息	3,905
固定資産売却益	▲500
売上債権の増加額	▲270
棚卸資産の増加額	（　㋑　）
未収入金の増加額	▲1,074
短期貸付金の増加額	▲853
その他流動資産の増加額	▲2,493
仕入債務の増加額	（　㋒　）
未払金の増加額	▲583
仮受金の増加額	▲233
その他流動負債の増加額	▲518
小　　計	2,461
利息・配当金の受取額	216
利息の支払額	▲3,905
法人税等の支払額	（　㋓　）

営業活動によるキャッシュフロー	（　㋔　）
II　投資活動によるキャッシュフロー	
有価証券の取得による支出	▲438
有価証券の売却による収入	0
有形固定資産の取得による支出	（　㋕　）
有形固定資産の売却による収入	5,500
投資活動によるキャッシュフロー	（　㋖　）
III　財務活動によるキャッシュフロー	
短期借入金による収入	115,200
短期借入金の返済	▲109,200
長期借入金による収入	15,000
長期借入金の返済	▲13,000
配当金の支払額	（　㋗　）
財務活動によるキャッシュフロー	（　㋘　）
IV　現金および現金同等物の増加額	（　㋙　）
V　現金および現金同等物の期首残高	51,925
VI　現金および現金同等物の期末残高	46,925

《問2》《問1》で完成させたA株式会社のキャッシュフロー計算書から
　　読み取れる内容として、適切なものをすべて選びなさい。

1）A株式会社は、本業で資金を得ることができなかったと判断され
　る。
2）A株式会社の資金の流れは健全と判断される。
3）A株式会社のフリーキャッシュフローはマイナスとなっている。

解説と解答

《問1》
　　第31期キャッシュフロー計算書の空欄㋐〜㋙の各数値は、下記のとおり求め
ることができる。

㋐　減価償却費　　　　　　　　　　　　　　　　　　正解　　14,406千円
　　＝販売費及び一般管理費の減価償却費＋製造原価報告書の減価償却費
　　＝5,113千円＋9,293千円＝14,406千円

※　減価償却費は、キャッシュの減少を伴わない「非資金費用」であるため、「営業活動によるキャッシュフロー」のプラスとして計上する。

　　なお、販売費及び一般管理費には、本社や営業所の建物、設備等の減価償却費が計上され、工場の建物や工場内の機械・設備等の減価償却費は製造原価報告書に計上される（休止固定資産に対する減価償却費は除く）。

⑦　棚卸資産の増加額　　　　　　　　　　　　　**正解　　▲20,788千円**

＝原材料の前期比増加額＋半製品・仕掛品の前期比増加額

＝9,907千円＋10,881千円＝20,788千円

※　棚卸資産の増加は、キャッシュの減少要因なので「営業活動によるキャッシュフロー」のマイナスとして計上する。

⑦　仕入債務の増加額　　　　　　　　　　　　　**正解　　▲1,347千円**

＝支払手形の前期比増加額＋買掛金の前期比増加額

＝▲639千円＋▲708千円＝▲1,347千円

※　仕入債務の減少は、キャッシュの減少要因なので、「営業活動によるキャッシュフロー」のマイナスとして計上する。

㋔　法人税等の支払額　　　　　　　　　　　　　**正解　　▲5,634千円**

＝前期未払法人税等＋当期法人税等－当期未払法人税等

＝2,900千円＋5,834千円－3,100千円＝5,634千円

※　法人税等の支払は、キャッシュの減少要因なので、「営業活動によるキャッシュフロー」のマイナスとして計上する。

㋕　営業活動によるキャッシュフロー　　　　　　**正解　　▲6,862千円**

　　以上の数値より、「営業活動によるキャッシュフロー」を算出すると▲6,862千円となる。

㋖　有形固定資産の取得による支出　　　　　　　**正解　　▲8,200千円**

＝有形固定資産（土地を除く）の対前期増減額＋減価償却費

＝〔（203,228千円－52,700千円）－（214,434千円－57,700千円）〕＋14,406千円

＝（150,528千円－156,734千円）＋14,406千円

＝▲6,206千円＋14,406千円＝8,200千円

※　有形固定資産の増加は、キャッシュの減少要因なので、「投資活動によるキャッシュフロー」のマイナスとして計上する。

　　なお、有形固定資産は、取得による支出と売却による収入とを計算する必要がある（第31期キャッシュフロー計算書参照）。本問では、今期土地を売却しているので、有形固定資産から土地の薄価を除いて計算している。

※　減価償却費は、上記㋐参照。

㋕　投資活動によるキャッシュフロー　　　　　　　正解　　▲3,138千円

以上の数値より、「投資活動によるキャッシュフロー」を算出すると▲3,138千円となる。

※　うち、「有形固定資産の売却による収入」について、〈補足説明〉2より、当該固定資産売却に伴う収入は土地売却代金のみであり、当該固定資産売却に伴う費用の支出はないので、土地の減少額（52,700千円－57,700千円＝▲5,000千円）と第31期損益計算書の特別利益の固定資産売却益500千円の合計額5,500千円となる。

※　なお、土地の減少は、キャッシュの増加要因なので、「投資活動によるキャッシュフロー」のプラスとして計上する。

㋔　配当金の支払額　　　　　　　　　　　　　　正解　　▲3,000千円

〈補足説明〉5より、第31期の株主資本の変動は、当期純利益と剰余金の配当のみであるので、当期（第31期）の配当金支払額は、次の算式により3,000千円となる。

　　配当金の支払額

＝前期繰越利益剰余金＋当期純利益－当期繰越利益剰余金

＝115,699千円＋7,131千円－119,830千円＝3,000千円

※　なお、配当金の支払は、キャッシュの減少要因なので、「財務活動によるキャッシュフロー」のマイナスとして計上する。

㋚　財務活動によるキャッシュフロー　　　　　　　正解　　5,000千円

以上の数値より、「財務活動によるキャッシュフロー」を算出すると5,000千円となる。

※　「財務活動によるキャッシュフロー」の項目である、「短期借入金による収入」「短期借入金の返済」「長期借入金による収入」「長期借入金の返済」は、〈補足説明〉に基づき、短期借入金の新規借入れ115,200千円、短期借入金の返済▲109,200千円、長期借入金の新規借入れ15,000千円、長期借入金の返済▲13,000千円が、本問の「第31期キャッシュフロー計算書」の該当項目に反映されている。

㋙　現金および現金同等物の増加額　　　　　　　　正解　　▲5,000千円

＝現金および現金同等物の期末残高－現金および現金同等物の期首残高

＝46,925千円－51,925千円＝▲5,000千円

第31期　キャッシュフロー計算書（間接法）　　（単位：千円）

項　　　目		金　　額
Ⅰ　営業活動によるキャッシュフロー		
税引前当期純利益		12,965
減価償却費	（ア	14,406)
貸倒引当金の増加額		60
受取利息・配当金		▲216
支払利息		3,905
固定資産売却益		▲500
売上債権の増加額		▲270
棚卸資産の増加額	（イ	▲20,788)
未収入金の増加額		▲1,074
短期貸付金の増加額		▲853
その他の流動資産の増加額		▲2,493
仕入債務の増加額	（ウ	▲1,347)
未払金の増加額		▲583
仮受金の増加額		▲233
その他の流動負債の増加額		▲518
小　　　計		2,461
利息・配当金の受取額		216
利息の支払額		▲3,905
法人税等の支払額	（エ	▲5,634)
営業活動によるキャッシュフロー	（オ	▲6,862)
Ⅱ　投資活動によるキャッシュフロー		
有価証券の取得による支出		▲438
有価証券の売却による収入		0
有形固定資産の取得による支出	（カ	▲8,200)
有形固定資産の売却による収入		5,500
投資活動によるキャッシュフロー	（キ	▲3,138)
Ⅲ　財務活動によるキャッシュフロー		
短期借入金による収入		115,200
短期借入金の返済		▲109,200
長期借入金による収入		15,000
長期借入金の返済		▲13,000

	配当金の支払額	(ク)	▲3,000)
	財務活動によるキャッシュフロー	(ケ)	5,000)
Ⅳ	現金および現金同等物の増加額	(コ)	▲5,000)
Ⅴ	現金および現金同等物の期首残高		51,925
Ⅵ	現金および現金同等物の期末残高		46,925

《問2》

　営業活動・投資活動・財務活動による各キャッシュフローから「資金の流れ」を正確に説明できるかを確認する問題である。

　各キャッシュフローの判断のポイントは、次のとおりである。

ⅰ）「営業活動によるキャッシュフロー」は、棚卸資産の増加（＋20,788千円）の影響が大きく、▲6,862千円となった。すなわち、A株式会社が本業で資金を得ることができなかったことを表している。

ⅱ）「投資活動によるキャッシュフロー」は、設備投資によるマイナス（▲8,200千円）を土地の売却による収入（＋5,500千円）で賄いきれず、▲3,138千円となった。

ⅲ）「財務活動によるキャッシュフロー」は、長短借入金の増加（＋8,000千円）、配当金の支払（▲3,000千円）により、＋5,000千円となった。

ⅳ）各キャッシュフローの合計額が▲5,000千円（＝▲6,862千円＋▲3,138千円＋5,000千円）となり、「現金および現金同等物」の取崩し5,000千円が生じた。

1）適切である。上記ⅰ）参照。

2）不適切である。A株式会社の「営業活動によるキャッシュフロー」（▲6,862千円）と「投資活動によるキャッシュフロー」（▲3,138千円）の合計はマイナスであり、これは「財務活動によるキャッシュフロー」（＋5,000千円）および「現金および現金同等物の取崩し」（＋5,000千円）で補われている。したがって、資金の流れは不健全と判断される。

3）適切である。「フリーキャッシュフロー」は「営業活動によるキャッシュフロー」（▲6,862千円）と「投資活動によるキャッシュフロー」（▲3,138千円）の合計であり、A株式会社の「フリーキャッシュフロー」はマイナス（▲10,000千円）である。

　フリーキャッシュフローは、企業が本業で得た資金から、現在の事業を維

216

持し、存続させるために必要な投資資金（新規設備投資、既存設備の修繕・改修等）を差し引いたキャッシュフローを意味しており、正常な事業活動を継続している企業にとっては、プラスで推移することが理想的である。

正解　　1)・3)

4 － 25　信用調査（3）

【問】次の事例に基づいて、後掲の各問に答えなさい。

　2024年 6 月中旬、甲銀行乙支店の融資担当役席Ａは、建築資材専門の卸売業者である株式会社Ｂ商事（以下、「Ｂ商事」という）から手形割引の申込みを受けた。Ｂ商事のメイン銀行は丙銀行で、以前は甲銀行乙支店にも与信（証書貸付）はあったが、約定弁済終了後、与信は途絶えており、現在は預金（当座預金）のみの取引先である。下記は、同社から徴求した前期（第34期）の〈資料 1 〉損益計算書および〈資料 2 〉貸借対照表である。また、Ａは申込内容を検討するにあたって過去 5 期分の決算書を徴求し、〈資料 3 〉損益の推移と〈資料 4 〉主要勘定の推移を作成するとともに、持ち込まれた割引希望手形を〈資料 5 〉一覧表にまとめた。なお、資料における数値の前の「▲」はマイナスを意味する。

〈資料 1 〉　損益計算書（単位：千円）

売上高	775,200
売上総利益	139,536
営業利益	6,661
経常利益	7,247
当期純利益	1,464

〈資料 2 〉　貸借対照表　　　　　　　　　　　　　　　（単位：千円）

資産		負債・純資産	
流動資産	230,162	流動負債	201,635
現金・預金	63,225	支払手形・買掛金	133,360
受取手形・売掛金	83,335	短期借入金	45,557
棚卸資産	52,326	未払金・仮受金	13,698
未収入金	1,556	その他	9,020
その他流動資産	29,720	固定負債	104,326
固定資産	151,261	長期借入金	91,861
建物・機械他	57,736	その他	12,465
土地	52,410	純資産	76,982
その他有形固定資産	5,252	資本金	20,000

無形固定資産	1,766	利益剰余金	56,982
投資その他	34,097	（別途積立金）	2,300
繰延資産	1,520	（繰越利益剰余金）	54,682
資産計	382,943	負債・純資産計	382,943

（個別注記）　割引手形：149,225千円、譲渡手形：0千円

〈資料3〉　損益の推移　　　　　　　　　　　　　　　　　（単位：千円）

	第30期	第31期	第32期	第33期	第34期
売上高	763,200	748,800	761,400	771,600	775,200
売上総利益	91,584	93,600	110,200	129,200	139,536
営業利益	9,632	4,176	5,554	7,023	6,661
経常利益	10,144	2,088	6,330	7,168	7,247
当期純利益	4,550	▲696	712	1,448	1,464

〈資料4〉　主要勘定の推移　　　　　　　　　　　　　　　（単位：千円）

	第30期	第31期	第32期	第33期	第34期
現金・預金	67,480	65,499	66,978	64,221	63,225
受取手形・売掛金	93,250	84,140	81,490	82,450	83,335
棚卸資産	54,696	54,928	53,167	52,583	52,326
支払手形・買掛金	105,576	104,832	114,058	124,166	133,360

個別注記　　　　　　　　　　　　　　　　　　　　　　　（単位：千円）

	第30期	第31期	第32期	第33期	第34期
割引手形	84,830	87,460	108,860	129,740	149,225

〈資料5〉　割引希望手形明細

	振出人	金額	期日	裏書
①	（株）Y工務店（建設業）	4,869,500	2024年10月31日	なし
②	（株）D産業（鋼材卸売業）	4,000,000	2025年1月10日	なし
③	（有）MT製材所（製材業）	2,000,000	2025年1月20日	なし

④	（株）ＮＫプリント（印刷業）	3,000,000	2025年 2 月10日	なし

※ いずれも約束手形で、手形金額の合計は、13,869,500円である。

※ Ｂ商事は資金繰り対策として在庫圧縮方針は立てていない。

《問 1 》 第34期の決算書から、㋐売上総利益率、㋑売上債権回転期間、㋒棚卸資産回転期間、㋓仕入債務回転期間を算出しなさい。なお、㋐の答は％単位で求め、小数点以下第 2 位を四捨五入すること。また、㋑〜㋓はすべて月商を基準に計算して、答は月単位とし、小数点以下第 3 位を四捨五入すること。

《問 2 》 損益の推移〈資料 3 〉と主要勘定の推移〈資料 4 〉および割引希望手形明細〈資料 5 〉を分析したＡは、Ｂ商事から持ち込まれた割引希望手形には、融通手形の疑いがあると考えた。割引希望手形明細の①〜④の手形のうち「融通手形」である可能性が高いと判断されたものをすべて選びなさい。

《問 3 》 Ａは、Ｂ商事からの手形割引の申出を謝絶することにした。その判断の理由として適切なものをすべて選びなさい。
  1 ） 第31期の赤字計上以降、Ｂ商事の売上債権回転期間および仕入債務回転期間は、不自然に長期化している。
  2 ） Ｂ商事から持ち込まれた割引希望手形は手形内容に不自然な点が多く、融通手形である可能性が高い。
  3 ） Ｂ商事の決算内容は、在庫の水増しによる粉飾の可能性が高い。
  4 ） Ｂ商事がメインの丙銀行ではなく与信が絶えていた甲銀行に対し、手形割引を申し込んだことが不自然である。

● 解説と解答 ●

　本問は、Ｂ商事の割引希望手形が「融通手形」ではないか検証し、手形割引の申出に応じるか否かの与信判断を問うものである。検証は、「決算書の時系列推移」と「手形の成立要因（成因）」の 2 面から行う。

《問1》

　代表的な決算書の粉飾操作方法は、「売上債権を利用した架空売上の計上」と「在庫水増しによる架空利益計上」である。本問では、手形割引の申出を受け、売上債権を利用した架空売上の計上が行われていないかを検証するため、「売上総利益率」「売上債権回転期間」「棚卸資産回転期間」「仕入債務回転期間」を算出し、決算書の時系列推移を検証する。

⑦　売上総利益率　　　　　　　　　　　　　　　　　　正解　　18.0％

　＝売上総利益÷売上高×100％
　＝139,536千円÷775,200千円×100％
　＝18.0％

　同様の方法で、第30期〜第34期の売上総利益率を求め、第30期〜第34期の時系列推移、および第30期から第34期にかけての売上総利益率の増減率をまとめると、下表のとおりとなる。

第30期 （ a ）	第31期	第32期	第33期	第34期 （ b ）	増　　減 （ b － a ）
12.0％	12.5％	14.5％	16.7％	18.0％	6.0％

　一般に、卸売業では仕入価額に大きな変動がない限り、売上総利益率にあまり変化はみられないが、B商事においては、第30期から第34期にかけて、売上総利益率が6.0％も上昇していることがわかる。このような上昇は、売上の架空計上や在庫の水増しによる粉飾を疑う必要がある。

⑦　売上債権回転期間　　　　　　　　　　　　　　　　正解　　3.60カ月

　＝（受取手形・売掛金残高＋割引手形）÷平均月商
　＝（83,335千円＋149,225千円）÷（775,200千円÷12）
　＝232,560千円÷64,600千円
　＝3.60カ月

　※売上債権額には、決算書上の受取手形・売掛金残高に、個別注記に記載されている割引手形残高を加算する。

⑦　棚卸資産回転期間　　　　　　　　　　　　　　　　正解　　0.81カ月

　＝棚卸資産÷平均月商
　＝52,326千円÷64,600千円
　＝0.81カ月

⑤　仕入債務回転期間　　　　　　　　　　　　　　　　正解　　2.06カ月

　＝支払手形・買掛金残高÷平均月商

$=133,360$千円$\div 64,600$千円

$=2.064\cdots$カ月$\fallingdotseq 2.06$カ月

　同様にして求めた、第30期～第34期の売上債権回転期間、棚卸資産回転期間、仕入債務回転期間、および平均月商、割引手形について、第30期～第34期の時系列推移、および第30期から第34期にかけての増減値をまとめると、下表のとおりとなる。

	第30期 （a）	第31期	第32期	第33期	第34期 （b）	増　減 （b－a）
売上債権回転期間(月)	2.80	2.75	3.00	3.30	3.60	0.80
棚卸資産回転期間(月)	0.86	0.88	0.84	0.82	0.81	▲0.05
仕入債務回転期間(月)	1.66	1.68	1.80	1.93	2.06	0.40
平 均 月 商 （千円）	63,600	62,400	63,450	64,300	64,600	1,000
割 引 手 形 （千円）	84,830	87,460	108,860	129,740	149,225	64,395

　売上債権回転期間は、第30期から第34期にかけて0.80カ月長期化しており、その内訳では、割引手形が64,395千円増加していることがわかる。

　通常、売上が伸びると、それに対応して棚卸資産や仕入債務も増加する。しかし、B商事の場合は、棚卸資産回転期間は短縮している。したがって、在庫水増しによる架空利益の計上の可能性は低いと考えられる一方、商品仕入の必要のない架空売上の計上により、棚卸資産回転期間が短縮した可能性が考えられる。

　また、仕入債務回転期間は、第30期から第34期に掛けて0.4カ月長期化している。第34期の期末直前に大型案件があった等の合理的な理由がある場合を除き、売上債権回転期間と呼応するように仕入債務回転期間が長期化する場合は融通手形の可能性がある。

　融通手形は、多くの場合、資金繰りに窮している企業同士（仕入れ先や同業者等）が手形を融通し合う。このため、当事者の決算書上の受取手形勘定と支払手形勘定が同時に増加する。B商事も売上債権回転期間と仕入債務回転期間が同様に増加しているので、相手先企業と手形を融通し合っている可能性が高い。B商事の場合、売上債権の増加額が仕入債務の増加額よりも大きいことから、①売掛金による架空売上計上と、②受取手形・支払手形による融通手形の存在が疑われる。

《問2》

　手形割引の申出を受けた場合、当該手形の振出人と受取人との間の「商流」（商取引の流れ）から手形の成立要因を検証する必要がある。もし「業種的につながらない」「手形の内容が不自然」などの点があれば、「融通手形」ではないとの確認ができない限り、割引は避けるべきである。

　①Y工務店の手形

　　　Y工務店は建設業であることから、建築資材を販売した代金として手形を受け取ったと考えられる。商流と整合しており、手形金額、手形サイト、手形期日にも不自然な点はみられないため、融通手形の可能性は低いと判断できる。

　②D産業の手形、③MT製材所の手形、④NKプリントの手形

　　　D産業は同業者、MT製材所は仕入先、NKプリントは建築とは無関係の業種であることから、B商事の商品の販売先としては不自然である。また、3枚の手形には、「手形金額がラウンドである（端数がない）」「手形サイトが長い」「手形期日が通常決済日と異なる（一般的に月末）」など、不自然な点が多い。Y工務店以外の手形は、工事請負契約書や請求書等により手形の成立要因の確認ができなければ、融通手形の可能性が高いと考えられる。

　したがって、融通手形である可能性が高いと判断されたのは、②D産業の手形、③MT製材所の手形、④NKプリントの手形である。

正解　　②・③・④

《問3》

　《問1》における決算書の時系列推移の検証、《問2》における手形の成立要因（成因）の検証の結果に加え、融資担当役席Aは下記の理由から与信判断を慎重に行うべきである。

1　メイン金融機関の動向

　　B商事がメイン金融機関の丙銀行に手形を持ち込まず、与信の途絶えていた甲銀行に割引を依頼してきたことは不自然である。B商事の粉飾決算を疑った丙銀行が、手形割引に応じなかったため、甲銀行に手形割引の申込みを行った可能性が高い。

2　決算の動向

　　〈資料3〉損益の推移をみると、B商事は年商7億円超でありながら、第31期に赤字を計上し、第32期以降は3期連続で当期純利益が1百万円前後と

なっている。売上規模に対し、当期純利益が非常に低いことから、赤字の計
上を避けるため、架空売上の計上を行っている可能性が高いと考えられる。
　以上により、本事例の場合は、B商事からの割引依頼は謝絶するのが妥当で
あると判断される。なお、実務においては、上記の諸要因について確認し、決
済確実と判断できれば「応諾」することも考えられる。

1）適切である。上記《問1》の解説参照。

2）適切である。上記《問2》の解説参照。

3）不適切である。第30期から第34期にかけ、売上債権回転期間が増加傾向に
　ある一方、棚卸資産回転期間は短縮されていることから、在庫の水増しでは
　なく売上の架空計上による粉飾が疑われる。上記《問1》の解説参照。

4）適切である。上記「1　メイン金融機関の動向」参照。

<u>正解　　1）・2）・4)</u>

4−26　信用調査（4）

【問】次の事例に基づいて、後掲の各問に答えなさい。

　甲金融機関の融資担当者Aは、与信先の株式会社乙商事（日用雑貨卸売業）の社長から第21期の決算書を受領した。帰店後、貸借対照表〈資料1〉および損益計算書〈資料2〉をみたところ、売上は微増ながら経常利益は赤字となっており、長・短借入金の残高も増加していた。

　後日、Aが自己査定で改めて決算書を精査したところ、第21期は前期に比べて売掛金、棚卸資産が合わせて45百万円増加しており、総資産も54百万円増加していた。乙商事の債務者区分はこれまで「正常先」としていたが、不良資産の増加も考えられるため、Aは、〈補足情報〉を踏まえ、債務者区分の検証を行うこととした。なお、乙商事の取引金融機関は甲金融機関のみであり、解答にあたって、〈資料1〉貸借対照表、〈資料2〉損益計算書および〈補足情報〉以外の事項を考慮する必要はない。また、資料における数値の前の「▲」はマイナスを意味する。

〈資料1〉　貸借対照表　　　　　　　　　　　　　（単位：百万円）

資産	第20期	第21期	負債・純資産	第20期	第21期
流動資産	1,866	1,904	流動負債	1,625	1,621
現金・預金	143	114	支払手形	256	259
売掛金	1,073	1,104	買掛金	349	316
棚卸資産	610	624	短期借入金	896	934
有価証券	25	25	その他流動負債	124	112
その他流動資産	15	37	固定負債	861	913
固定資産	957	973	長期借入金	861	913
有形固定資産	907	923			
建物・機械他	667	683	純資産	342	348
土地	240	240	資本金	100	100
無形固定資産	25	25	利益剰余金	242	248
投資その他資産	25	25	別途積立金	25	25
繰延資産	5	5	繰越利益剰余金	217	223
資産合計	2,828	2,882	負債・純資産合計	2,828	2,882

〈資料 2 〉　損益計算書　　　　（単位：百万円）

	第20期	第21期
売上高	5,720	5,760
売上総利益	825	799
販売費及び一般管理費	775	756
（うち人件費）	208	214
（うち減価償却費）	66	69
（その他費用）	501	473
営業利益	50	43
営業外収益	62	64
営業外費用	102	108
経常利益	10	▲ 1
税引前当期利益	20	19
法人税等	8	8
当期純利益	12	11

〈補足情報〉

1.　同社は日用雑貨卸売業であり、取扱商品のアイテムは約 6 千、取引先も120社と多く、実地調査は難しいため、売上債権と棚卸資産は、業界平均値から算出した金額よりも多い金額を不良資産とすることとした。なお、売上債権回転期間（月）と棚卸資産回転期間（月）の業界平均は次のとおりであり、回転期間はすべて月商ベースで計算するものとする。

売上債権回転期間（月）	2.1
棚卸資産回転期間（月）	1.0

2.　決算書付属明細を確認したところ、投資その他資産のなかに、すでに破綻している発行会社のゴルフ会員権が10百万円計上されていた。資産価値は「 0 」と判断した。

3.　支払手形のなかに設備支払手形はなかった。

4.　長期借入金の明細を調べると、連帯保証人である社長からの借入金が30百万円あった。社長に確認したところ、「会社に借入金返済を求めるつもりはない」とのことであった。

5.　甲金融機関の自己査定マニュアルでは、要償還債務の算出は次の算式で行っている。

要償還債務＝借入金・社債等－正常運転資金(不良資産控除後)－現金・預金
※なお、解答にあたって、〈資料１〉貸借対照表、〈資料２〉損益計算書および〈補足情報〉以外の事項を考慮する必要はない。

《問１》〈補足情報〉に基づき、第21期の資産、負債・純資産の補正を行い、「実態」欄の(イ)～(ニ)に入る適切な数値を答えなさい。

第21期貸借対照表　　　　　（単位：百万円）

資産	簿価	補正	実態	負債・純資産	簿価	補正	実態
流動資産	1,904	( )	(イ)	流動負債	1,621	0	1,621
現金・預金	114	0	114	支払手形	259	0	259
売掛金	1,104	( )	( )	買掛金	316	0	316
棚卸資産	624	( )	( )	短期借入金	934	0	934
有価証券	25	0	25	その他流動負債	112	0	112
その他流動資産	37	0	37	固定負債	913	( )	(ハ)
固定資産	973	( )	( )	長期借入金	913	( )	( )
有形固定資産	923	0	923				
建物・機械他	683	0	683	純資産	348	( )	(ニ)
土地	240	0	240	資本金	100	0	100
無形固定資産	25	0	25	利益剰余金	248	( )	( )
投資その他資産	25	( )	( )	別途積立金	25	0	25
繰延資産	5	0	5	繰越利益剰余金	223	( )	( )
資産合計	2,882	( )	(ロ)	負債・純資産合計	2,882	( )	(ロ)

《問２》Ａは、第21期の実態貸借対照表から債務償還年数を求めることとした。下記の表の(ホ)～(ヌ)に入る適切な数値を答えなさい。なお、２期平均キャッシュフローは、第20期と第21期の「当期純利益＋減価償却費」の平均とし、当期純利益は〈資料２〉損益計算書の数値を使用するものとする。

①	借入金	(ホ)	百万円
②	売上債権、棚卸資産のなかの不良資産	(ヘ)	百万円
③	正常運転資金（不良資産控除後）	(ト)	百万円
④	現金・預金	114	百万円
⑤	要償還債務	(チ)	百万円
⑥	２期平均キャッシュフロー	(リ)	百万円
債務償還年数（⑤／⑥）		(ヌ)	年

● 解説と解答 ●

《問1》

　本問は、自己査定作業で行われる実態バランスの作成方法の理解度を問う問題である。

1　実態の売上債権と棚卸資産額の算出

　　売上債権と棚卸資産は、業界平均値から算出した金額よりも多い金額を不良資産とすることとしたので、与えられている業界平均回転期間との対比で売上債権と棚卸資産の推定不良資産額を下記のとおり求めることができる。

　・第21期平均月商
　＝第21期売上高÷12
　＝5,760百万円÷12
　＝480百万円
　・第21期売上債権回転期間
　＝第21期売上債権残高÷第21期平均月商
　＝1,104百万円÷480百万円
　＝2.3カ月
　・第21期棚卸資産回転期間
　＝第21期棚卸資産残高÷第21期平均月商
　＝624百万円÷480百万円
　＝1.3カ月

　　したがって、推定不良資産額の計算は下表のとおりとなる。

	乙商事①	業界平均②	①－②	推定不良資産額
売上債権回転期間（月）	2.3	2.1	0.2	平均月商480百万円×0.2 ＝96百万円
棚卸資産回転期間（月）	1.3	1.0	0.3	平均月商480百万円×0.3 ＝144百万円
計	3.6	3.1	0.5	平均月商480百万円×0.5 ＝240百万円

　　実態売上債権額、実態棚卸資産額は、簿価から各推定不良資産額を控除した額となる。

　　実態売上債権＝1,104百万円－96百万円＝1,008百万円
　　実態棚卸資産額＝624百万円－144百万円＝480百万円

2 実態投資その他資産の額

　投資その他資産のなかに、すでに破綻している発行会社のゴルフ会員権が10百万円計上されているが、資産価値は「0」と判断しているので、固定資産の「投資その他資産」計上額25百万円から10百万円を控除する。

「投資その他資産」の実態額＝25百万円－10百万円＝15百万円

3 社長からの借入金の取扱い

　乙商事の長期借入金の社長からの借入金30百万円は、社長から「会社に返済を求めることはない」との回答を得ているので、長期借入金から控除し、自己資本相当額に加味する。なお、社長からの借入金につき、債務免除を行うものとして補正している。

　以上により、「補正」と「実態」の空欄部分を埋めた乙商事の実態バランスは、下表のとおりとなる。

第21期貸借対照表　　　　　　　（単位：百万円）

資産	簿価	補正	実態	負債・純資産	簿価	補正	実態
流動資産	1,904	▲240	(イ)1,664	流動負債	1,621	0	1,621
現金・預金	114	0	114	支払手形	259	0	259
売掛金	1,104	▲96	1,008	買掛金	316	0	316
棚卸資産	624	▲144	480	短期借入金	934	0	934
有価証券	25	0	25	その他流動負債	112	0	112
その他流動資産	37	0	37	固定負債	913	▲30	(ハ)883
固定資産	973	▲10	963	長期借入金	913	▲30	883
有形固定資産	923	0	923				
建物・機械他	683	0	683	純資産	348	▲220	(ニ)128
土地	240	0	240	資本金	100	0	100
無形固定資産	25	0	25	利益剰余金	248	▲220	28
投資その他資産	25	▲10	15	別途積立金	25	0	25
繰延資産	5	0	5	繰延利益剰余金	223	▲220	3
資産合計	2,882	▲250	(ロ)2,632	負債・純資産合計	2,882	▲250	(ロ)2,632

正解　　(イ) 1,664　(ロ) 2,632　(ハ) 883　(ニ) 128

《問2》

　債務償還年数＝要償還債務÷2期平均キャッシュフロー

　正常運転資金＝売上債権〔売掛金＋受取手形（割引手形を除く）〕＋棚卸資産

　　　　　　　（不良在庫は除く）－仕入債務〔買掛金＋支払手形（設備支払

手形は除く）〕

$$= 1,008百万円 + 480百万円 - （259百万円 + 316百万円）$$

$$= 913百万円$$

2 期平均キャッシュフロー = 2 期平均当期純利益 + 2 期平均減価償却費

$$= \{（12百万円 + 11百万円）÷ 2\} + \{（66百万円 + 69$$
$$百万円）÷ 2\}$$

$$= 11.5百万円 + 67.5百万円$$

$$= 79百万円$$

　したがって、上記《問 1 》の解説で算出した、実態バランスに基づき、乙商事の債務償還年数を算出すると下表のとおりとなる。なお、参考として簿価に基づき債務償還年数を算出したものを併記する。

項　　　　目		実態ベース	簿価ベース
① 借入金	(ホ)	1,817百万円	1,847百万円
② 売上債権、棚卸資産のなかの不良資産	(ヘ)	240百万円	0 百万円
③ 正常運転資金	(ト)	913百万円	1,153百万円
④ 現金・預金		114百万円	114百万円
⑤ 要償還債務（①-③-④）	(チ)	790百万円	580百万円
⑥ 2 期平均キャッシュフロー	(リ)	79百万円	79百万円
債務償還年数（⑤／⑥）	(ヌ)	10年	7.34年

　実態バランスに基づき算出した債務償還年数は、簿価に基づき算出した値と大きく乖離しており、実態把握が重要であることがわかる。

<u>正解</u>　(ホ) 1,817　(ヘ) 240　(ト) 913　(チ) 790　(リ) 79　(ヌ) 10

4－27　信用調査（5）

【問】次の事例に基づいて、後掲の各問に答えなさい。

　株式会社Ｐ（以下、「Ｐ社」という）は、従業員数66人の衣料品卸売業である。11月初旬、Ｘ金融機関の融資担当者ＡはＰ社経理部長Ｑの来訪を受け、「当期（第23期）の売上は堅調に伸びているが資金繰りがやや厳しい。運転資金として10百万円融資してほしい」との申出を受けた。ＡはＱより受領したＰ社の過去２期分の比較貸借対照表（下記〈資料〉）を基に、自己査定作業の前段階として債務償還年数を算出することにした。なお、Ｐ社の前々期（第21期）の売上高は800百万円、前期（第22期）の売上高は820百万円、第21期・第22期の２期平均キャッシュフロー（当期純利益＋減価償却費）は30百万円であった。

〈資料〉　比較貸借対照表　　　　　　　　　　　　　　　　（単位：百万円）

資産の部				負債・純資産の部			
科　目	第21期	第22期	増減	科　目	第21期	第22期	増減
（流動資産）	304	310	6	（流動負債）	220	234	14
現金・預金	82	76	－ 6	支払手形	46	52	6
受取手形	60	58	－ 2	買掛金	29	33	4
売掛金	67	73	6	短期借入金	87	93	6
棚卸資産	82	88	6	未払金	12	11	－ 1
未収入金	3	3	0	預り金	6	8	2
短期貸付金	2	3	1	未払費用	8	6	－ 2
その他流動資産	8	9	1	未払法人税等	2	2	0
（固定資産）	224	221	－ 3	仮受金	4	3	－ 1
有形固定資産	215	212	－ 3	その他流動負債	26	26	0
建物・構築物	148	143	－ 5	（固定負債）	239	223	－ 16
備品	13	15	2	長期借入金	239	223	－ 16
車両運搬具	19	20	1				
土地	30	30	0	（純資産）	71	76	5
その他有形固定資産	5	4	－ 1	資本金	20	20	0
無形固定資産	3	3	0	利益剰余金	51	56	5
投資その他資産	6	6	0	利益準備金	5	5	0
（繰延資産）	2	2	0	繰越利益剰余金	46	51	5
資産の部合計	530	533	3	負債・純資産の部合計	530	533	3

個別注記

科　目	第21期	第22期
受取手形割引高	15	19

《問１》　Ｐ社第21期・第22期の２期平均経常運転資金回転期間（月）を求
　　　　めなさい。ただし、計算に必要な各勘定科目の残高は貸借対照表科
　　　　目、損益計算書科目ともに「（第21期末残＋第22期末残）÷２」で計
　　　　算すること。なお、答は月単位とし、小数点以下第２位を四捨五入
　　　　すること。

《問２》　Ａは、Ｐ社の当期（第23期）の売上予想として900百万円（前期比
　　　　＋90百万円）を見込んでいる。Ｐ社の経常運転資金回転期間が、前
　　　　問で求めた期間から変更ない場合の、当期の増加運転資金（当期経
　　　　常運転資金－前期経常運転資金）を求めなさい。なお、答は百万円
　　　　単位とし、小数点以下第１位を四捨五入すること。

《問３》　Ｐ社の前期（第22期）における要償還債務額を求めなさい。ただ
　　　　し、売上債権や棚卸資産のなかに不良資産はないものとする。な
　　　　お、答は百万円単位とし、小数点以下第１位を四捨五入すること。

《問４》　前問で求めた要償還債務額および第21期・第22期における平均
　　　　キャッシュフロー（30百万円）からＰ社の債務償還年数を求めなさ
　　　　い。なお、答は年単位とし、小数点以下第２位を四捨五入すること。

● 解説と解答 ●

《問１》

　経常運転資金回転期間の算出に必要な各勘定科目の残高の２期平均は、下表
のとおりとなる。

（単位：百万円）	第21期	第22期	２期平均
売上高	800	820	810
受取手形	60	58	59
受取手形割引高	15	19	17
売掛金	67	73	70
売上債権計	142	150	146

棚卸資産計	82	88	85
支払手形	46	52	49
買掛金	29	33	31
仕入債務計	75	85	80

　上表の値を用いて、経常運転資金回転期間は下記のとおり求めることができる。

　経常運転資金回転期間＝経常運転資金÷平均月商
　　　　　　　　　　　　＝（売上債権＋棚卸資産－仕入債務）÷（売上高÷12）
　　　　　　　　　　　　＝（146百万円＋85百万円－80百万円）÷（810百万円÷12）
　　　　　　　　　　　　＝151百万円÷67.5百万円＝2.23…カ月≒2.2カ月

正解　　2.2カ月

《問2》
　売上高が90百万円増加すると平均月商は7.5百万円（＝90百万円÷12）増加することとなる。
　運転資金＝平均月商×経常運転資金回転期間で算出されるため、経常運転資金回転期間が2.2カ月から変更ない場合、増加運転資金は7.5百万円×2.2カ月＝16.5百万円≒17百万円となる。

正解　　17百万円

《問3》
　要償還債務額は長短借入金残高から、正常運転資金および現金・預金残高を差し引いて算出する。P社の売上債権や棚卸資産のなかに不良資産はないため、正常運転資金＝経常運転資金であり、

　要償還債務額＝長短借入金残高－経常運転資金－現金・預金残高
　　　　　　　＝（93百万円＋223百万円）－（150百万円＋88百万円－85百万円）－76百万円
　　　　　　　＝87百万円

正解　　87百万円

《問4》
　債務償還年数＝要償還債務額÷2期平均キャッシュフロー
　　　　　　　＝87百万円÷30百万円＝2.9年　　　　　　　正解　　2.9年

4 −28 信用調査 (6)

【問】 次の事例に基づいて、後掲の各問に答えなさい。

　株式会社X （以下、「X社」という） は、従業員数18人の金型製造業である。X社代表取締役のAは公的補助金制度への申請を検討しているが、申請には付加価値額が年率3％以上増加する事業計画の提出が要件となっている。どのような計画を立案すべきかAから相談を受けた取引金融機関の担当者Mは、下記の前期損益計算書を基に生産性分析を行い、付加価値額を増加させる方法を提案することにした。なお、補助金制度に示されている付加価値額の計算式は、次のとおりである。

　　　　付加価値額＝営業利益＋人件費※＋減価償却費
　※　人件費には、法定福利費および福利厚生費を含むものとする。

X社損益計算書（前期）　　　　（単位：百万円）

科　　目	金額	科　　目	金額
Ⅰ　売上高	285	Ⅰ　材料費	119
売上原価	194	期首材料棚卸高	12
期首製品棚卸高	23	当期材料仕入高	120
当期製品製造原価	194	合　　計	132
期末製品棚卸高	23	期末材料棚卸高	13
Ⅱ　売上総利益	91	Ⅱ　労務費	40
販売費及び一般管理費	85	Ⅲ　経費	35
給料及び手当	28	外注費	12
法定福利費	12	減価償却費	15
福利厚生費	2	その他経費	8
役員報酬	16	Ⅳ　当期総製造費用	194
荷造運賃	6	期首仕掛品棚卸高	4
減価償却費	2	期末仕掛品棚卸高	4
賃借料	4	Ⅴ　当期製品製造原価	194
租税公課	3		
水道光熱費	1		
貸倒引当金	1		
その他販売・管理費	10		
Ⅲ　営業利益	6		
営業外収益	1		
受取利息・配当金	1		
営業外費用	2		
支払利息・割引料	2		
Ⅳ　経常利益	5		
特別利益	0		
特別損失	0		
Ⅴ　税引前当期純利益	5		
法人税等	2		
Ⅵ　当期純利益	3		

《問１》 Ｘ社の前期における付加価値率を求めなさい。なお、答は％単位
　　　　とし、小数点以下第２位を四捨五入すること。

《問２》 Ｘ社の前期における労働生産性を求めなさい。なお、答は百万円
　　　　単位とし、小数点以下第２位を四捨五入すること。

《問３》 Ｘ社の前期における労働分配率を求めなさい。なお、答は％単位
　　　　とし、小数点以下第２位を四捨五入すること。

《問４》 次のうち、Ｘ社の当期の付加価値額の増加につながる施策として
　　　　適切なものをすべて選びなさい。なお、Ｘ社の当期の販売数量・製
　　　　品構成は前期から変わりなく、その他の条件についても選択肢に記
　　　　載されているもの以外の変化はないものとする。
　１）借入れにより最新の工作機械（減価償却資産）を購入し、加工精度
　　　を上げ歩留まり向上を図る。
　２）研究開発要員１名を新たに雇い入れる。
　３）全製品の販売単価を0.5％引き上げる。

・解説と解答・

《問１》
　付加価値額は、企業が経済活動により新たに生み出した価値の金額を示し、企業の生産性分析における代表的な指標の１つである。付加価値額の統一的な算出方法は確立されていないため、活用される機関に応じた算出方法を確認する必要がある。
　本問では、指定された付加価値額の算出方法に従うと、
　付加価値額＝営業利益＋人件費＋減価償却費
　　　　　　＝６百万円＋（28百万円＋12百万円＋２百万円＋16百万円＋40百万円）＋（２百万円＋15百万円）
　　　　　　＝６百万円＋98百万円＋17百万円＝121百万円
　付加価値率＝付加価値額÷売上高×100％
　　　　　　＝121百万円÷285百万円×100％＝42.45…％≒42.5％

正解　　42.5％

《問2》

　労働生産性は、従業員1人当たりが生み出した付加価値額を示し、従業員の生産性だけでなく、機械化や合理化による改善が行われ企業全体の生産性が向上しているかを示す指標である。業種、企業規模、労働集約度、資本集約度などにより、労働生産性の数値は大きく異なるため、一般に、対象企業の時系列上の推移を確認することで適否を判断することとなる。

　労働生産性の算出方法は下記のとおりである。

　労働生産性＝付加価値額÷従業員数
　　　　　　＝121百万円÷18＝6.72…百万円≒6.7百万円

正解　　6.7百万円

《問3》

　労働分配率は、人件費に分配された付加価値額の割合を示し、企業の収益性を判断する指標である。労働分配率が低いほど、付加価値額に対し人件費が低く抑えられているため、利益は大きくなるが、労働分配率を低く抑えすぎると、給与水準の低さから従業員の意欲やモラル低下を招く恐れもあることに注意を要する。労働分配率の良否は、50%以下であれば良好企業、60%前後であれば普通企業、70〜80%以上であれば不良企業というのが判断の目安となる。しかし、業種、企業規模、世間の給与水準などにより適正水準は異なるため、一般に、対象企業の時系列上の推移を確認することで適否を判断することとなる。

　労働分配率の算出方法は下記のとおりである。

　労働分配率＝人件費÷付加価値額×100%
　　　　　　＝98百万円÷121百万円×100%＝80.99…%≒81.0%

正解　　81.0%

《問4》

1）適切である。「付加価値額＝営業利益＋減価償却費＋人件費＝償却前営業利益＋人件費」で表すことができる。工作機械の導入に伴う減価償却費の増加は、償却前営業利益に影響を及ぼさないが、歩留まりの向上（売上対比材料費比率の低下）により償却前営業利益は増加するため、付加価値額は増加する。なお、工作機械の導入に伴う借入額の増加は営業外損益の悪化につながるが、営業利益には影響しないため、付加価値額の変動要因とならない。

2）不適切である。要員増による人件費の増加は同額の営業利益の減少につな
　がるため、付加価値額は変わらない。

3）適切である。販売単価の引上げは売上高および売上総利益の増加をもたら
　し、営業利益が同額増加するため、付加価値額は増加する。

正解　　1）・3）

2024年度　金融業務能力検定・サステナビリティ検定

等級	試験種目		受験予約開始日	配信開始日（通年実施）	受験手数料（税込）
IV	金融業務4級　実務コース		受付中	配信中	4,400 円
III	金融業務3級　預金コース		受付中	配信中	5,500 円
	金融業務3級　融資コース		受付中	配信中	5,500 円
	金融業務3級　法務コース		受付中	配信中	5,500 円
	金融業務3級　財務コース		受付中	配信中	5,500 円
	金融業務3級　税務コース		受付中	配信中	5,500 円
	金融業務3級　事業性評価コース		受付中	配信中	5,500 円
	金融業務3級　事業承継・Ｍ＆Ａコース		受付中	配信中	5,500 円
	金融業務3級　リース取引コース		受付中	配信中	5,500 円
	金融業務3級　DX（デジタルトランスフォーメーション）コース		受付中	配信中	5,500 円
	金融業務3級　シニアライフ・相続コース		受付中	配信中	5,500 円
	金融業務3級　個人型DC（iDeCo）コース		受付中	配信中	5,500 円
	金融業務3級　シニア対応銀行実務コース		受付中	配信中	5,500 円
	金融業務3級　顧客本位の業務運営コース		－	上期配信	5,500 円
II	金融業務2級　預金コース		受付中	配信中	7,700 円
	金融業務2級　融資コース		受付中	配信中	7,700 円
	金融業務2級　法務コース		受付中	配信中	7,700 円
	金融業務2級　財務コース		受付中	配信中	7,700 円
	金融業務2級　税務コース		受付中	配信中	7,700 円
	金融業務2級　事業再生コース		受付中	配信中	11,000 円
	金融業務2級　事業承継・Ｍ＆Ａコース		受付中	配信中	7,700 円
	金融業務2級　資産承継コース		受付中	配信中	7,700 円
	金融業務2級　ポートフォリオ・コンサルティングコース		受付中	配信中	7,700 円
	DCプランナー2級		受付中	配信中	7,700 円
I	DCプランナー1級（※）	A分野（年金・退職給付制度等）	受付中	配信中	5,500 円
		B分野（確定拠出年金制度）	受付中	配信中	5,500 円
		C分野（老後資産形成マネジメント）	受付中	配信中	5,500 円
－	コンプライアンス・オフィサー・銀行コース		受付中	配信中	5,500 円
	コンプライアンス・オフィサー・生命保険コース		受付中	配信中	5,500 円
	個人情報保護オフィサー・銀行コース		受付中	配信中	5,500 円
	個人情報保護オフィサー・生命保険コース		受付中	配信中	5,500 円
	マイナンバー保護オフィサー		受付中	配信中	5,500 円
	AML／CFTスタンダードコース		受付中	配信中	5,500 円
	SDGs・ESGベーシック		受付中	配信中	4,400 円
	サステナビリティ・オフィサー		受付中	配信中	6,050 円

※　DCプランナー1級は、A分野・B分野・C分野の3つの試験すべてに合格した時点で、DCプランナー1級の合格者となります。

2024年度版
金融業務2級　融資コース試験問題集

2024年3月13日　第1刷発行

編　者　一般社団法人　金融財政事情研究会
検定センター

発行者　　　　　　　　　　加藤　一浩

〒160-8519　東京都新宿区南元町19
発 行 所　一般社団法人　金融財政事情研究会
販 売 受 付　TEL 03(3358)2891　FAX 03(3358)0037
URL https://www.kinzai.jp

**本書の内容に関するお問合せは、書籍名およびご連絡先を明記のうえ、FAXで
お願いいたします。**　　　　　　　　お問合せ先　FAX 03(3359)3343
本書に訂正等がある場合には、下記ウェブサイトに掲載いたします。
https://www.kinzai.jp/seigo/

ISBN978-4-322-14413-0